没有经过挣扎的人

是不会拥有幸福的……

本书愿献给

所有不完美的父母

所有受苦的孩子

所有不放弃自己的灵魂

拥抱不完美

认回自己的故事疗愈之旅

周志建 著

中国妇女出版社

图书在版编目（CIP）数据

拥抱不完美：认回自己的故事疗愈之旅 / 周志建著
. -- 2版. -- 北京：中国妇女出版社，2019.5(2022.6重印)
ISBN 978-7-5127-1671-1

Ⅰ.①拥… Ⅱ.①周… Ⅲ.①人生哲学－通俗读物
Ⅳ.①B821-49

中国版本图书馆CIP数据核字（2018）第280629号

著作权合同登记号 图字：01-2018-7856

拥抱不完美——认回自己的故事疗愈之旅

作　　者：周志建　著
责任编辑：李一之
特约策划：每日微光文化
封面设计：弋盼盼
责任印制：王卫东
出版发行：中国妇女出版社
地　　址：北京市东城区史家胡同甲24号　　邮政编码：100010
电　　话：（010）65133160（发行部）　65133161（邮购）
网　　址：www.womenbooks.cn
法律顾问：北京市道可特律师事务所
经　　销：各地新华书店
印　　刷：三河市祥达印刷包装有限公司
开　　本：150×215　1/16
印　　张：17.25
字　　数：220千字
版　　次：2019年5月第2版
印　　次：2022年6月第3次
书　　号：ISBN 978-7-5127-1671-1
定　　价：49.80元

推荐序一

Preface

缺口，让故事填补

赖佩霞

台湾身心灵成长导师，作家，《魅丽》杂志发行人

心结解了，不完美也就不存在了，但问题是，心结如何解开？

把自己认为不堪的成长历程摊在阳光下，谈何容易？我花了二十多年的时间把自己私密的哀伤包覆起来，生怕结痂的伤口再次被划开而血流不止。曾经无语问苍天的无助令我心寒，曾经渗入骨髓的孤寂叫人无法承受。还有什么比“没有人能帮我”更令人沮丧？

除非够安全，否则，“自我保护”是人与生俱来的生存机制。过往的我，之所以把痛苦往肚里吞，主要来自“不安全”的感觉。通过从不安全中复原，才隐约了解，以往打心底里不相信人，当然也不相信自己。

这当然不是我的错；安全感乃是来自生命体验，绝非来自理性分析、判断或选择。试问，没有体验过人的可信任，又如何相信人？

解开心结，话说不难，只要把纠结的故事说出来就解了。但是，如何找到对的人、对的空间诉说，才是关键。

我喜欢作者称他提供出来的私密学习空间为“私塾”，它听起来像是一个兼具隐私与智慧的好地方。没错，这样的空间需要有疼惜生命的智者来参与才是。我之所以能把隐藏多年的私密故事说出来、写出来，甚至享有今天的幸福，完全拜二十多年来参加类似心理课程所赐。

以我的经验来说，我的伤痛完全是因为成长课程才得以疗愈。以往，生活周遭并没有任何懂得陪伴伤痛的人。因此，它常年封锁在我心底，无解。直到我开始进入成长团体，听到一篇篇真情至性的生命告白，见识到人性无限崇高的宽容，才找到出口。无论曾经多么坎坷，通过分享，人们似乎都可以放下。从此，我也跟着转变，不再向老天爷追究，为何炼狱般试炼会降临在无辜的自己身上。我看到不堪的过往一一剥落，开始产生力量。

生平第一次，我体验到被支持、疼惜与丝毫没有被评断。原来，只要有机会跟对的人一起体验人性至高的良善，再深的疑虑及阴霾都会被驱散；原来，有了信任与支持，再沉痛的哀伤都可以化为仁慈。从此，我开始信任别人、信任自己，也信任这个世界。

经验告诉我，真诚的人与空间对一个人的灵性发展何其重要。“真诚”蜕变了我，“故事”释放了我。作者提供珍贵的空间，让人体验真性情，同时通过这本书让更多人理解坦诚的价值。毕竟，领回自己种种不完美，是自己的事。

作者细腻的心思及追根究底的态度让我激赏，当然，他的热情与真诚更处处可见。现在，何不随着作者的故事，让自己的故事也跟着松绑，通过了解，为自己的璀璨人生跨出一大步。走着走着，终将发现，心结解了，不完美也跟着不复存在。

Love you all.

佩　霞

推荐序二

Preface

把伤转化为爱的秘密，置身在此书中

黄锦敦

台湾叙事取向训练讲师、督导，心理咨询师

收到书稿隔天，我打开书读到一半时已经欲罢不能，缓缓地吐了一口气，在书稿的页面写上“真是一个真实又勇敢的志建”，写毕，内心仍震荡久久。

这样的志建，我并不陌生，只是不知道，这次他会在读者面前，把自己摊开得这么透彻。在书中一篇篇的故事里，志建直说自己的不完美、自己的伤，那像是一道道的疤，每道口子打开，看上去都有痛和挣扎的痕迹。我读着读着，心都疼了起来。这样的故事，即便在隐秘的治疗室里说出口，常常一字一句都是眼泪，一言一语都得耗力，但令人激动的是，在书里志建却挺起身子，一个故事挨着一个故事往里说，这种勇气，气魄十足。这是志建内蕴的力量，这也是这本书里所传递出的力量：伤和挣扎，皆尊贵如宝石。

闽南方言有句俚语说："小孩子，有耳无嘴。"这句话的意思是小孩子只要听话就好，不用多嘴，这是台湾主流文化里典型的"禁口令"。在这本书里志建用了许多故事，说关于不完美、说从父母那里受的伤，要在华人的社会里说这样的故事，是多么困难啊！因为这些事，全都要"禁口"的。在心理治疗的实务经验里，我看见一种伤最痛，就是那种说不出口的伤。这样的伤，经常因为主流文化下了"禁口令"，所以人只能扭曲自己，硬是咽下去。就如同书中《超度童年的伤痛》一文里，故事的主角年幼时被父亲友人性侵，母亲知情后第一个反应就是"不能说出去"。有多少人得像这故事里的主角一样，伤要在心里放了许多年，才能在因缘际会里被认回。甚至，有人终其一生，这样的经历都无处可说。

这本书里，说透了这种原本被"禁口"的伤。我想志建在书中说这些故事，早已不是为自己说，而是为了帮许多人内在那个"无法发声的受伤小孩"而说的。志建把自己生命里的苦转化为爱，将这些无法言说的故事一一曝光。所以，如果你心中也有被"禁口"的故事无法叙说，这会是本非常适合你的书。你无法说，就让志建说给你听，让他的声音来照顾你内在的孩子，与深藏在你内心的情感与伤痛共振，让你得以重新看见自己。当然，如果你是一位生命的陪伴者，那这本书更值得你拥有和阅读，因为把伤转化为爱的秘密，置身于此。

这本书，虽开宗明义要说人生的不完美，说生命里的伤，但整本书阅读下来，你会发现“不完美”和“伤”其实都不是重点，它们就像是李安《少年派的奇幻漂流》里的老虎一样，是造就我们不凡人生的必要条件。就如志建在书里说：“我们在这样的生命历程中很受苦，却也因此长出了力量，这就是生命力。”“原来人生走这一遭……我们唯一想要拥有的，只有爱；而唯一要学习的，也是爱。”从“不完美”到“生命力”，从“伤”到“学习爱”，在这本书里，志建以灵性的视野、叙事的通道，重新定义了生命里的不完美。

这几年，我看见志建在困境里书写，在愉悦里也书写，书写已经成为他接触自己最顺畅的管道。所以，志建不是为了出版而书写，他是为了生命而书写，这样的书写，纯粹又有劲道。心里真正高兴，能见证这本书的出版，对于想活出真实人生的朋友，这是很大的福气。

推荐序三

Preface

为自己哭泣，因为我值得

谢文宜

博士，台湾实践大学家庭研究与儿童发展学系副教授，伴侣与婚姻咨询师

当志建邀请我写序的时候，他一直说知道我很忙碌，所以不勉强，即使是一小段话或只是挂名推荐也可以！

和志建之间的情谊很特别，我们不算是经常联系的朋友，却有一种心的联结，或许是我们在彼此身上都认出了某种共通性，有种相知相惜的感觉。但是，我不是因为这样才答应写序，这段时间真的相当忙碌，不过当我读了部分的书稿后， 我跟志建说，我想写，因为我很有感觉！

就在截稿的前一天，我终于看完整本书，有许多的感动与联想，接着，疗愈自然而然就产生了！我坐在床上大哭了一场，扎扎实实地哭着，像个孩子。

上个星期去帮一位好友的学生担任论文答辩委员，结束后一起吃便当时谈到她的女儿被自传剧这样的疗愈方式所深深吸引，我笑着说自己也想过要演一次自传剧， 还想过其中最重要的那句台词会是什么，她很好奇地想知道，我回答：“够了！真是够了！”然后我们两个都大笑了起来。看完志建的书，忽然想到这件事，一阵酸楚从心底涌现，我看到了当年那个很乖巧很努力要符合大人期待的小女孩！

由于小时候爸爸妈妈好不容易得到去美国公费留学的机会，小女孩被留在很爱她的外公外婆家，身边还有对她呵护备至的姨丈姨妈，以及陪她玩耍的六位表兄弟。爸妈觉得这是最好的安排了，的确也是。 我不清楚小女孩那时候的感觉是什么，但是在她的心里却出现了一个念头：“我一定要很乖很听话，才不会一个人被留下来！” 所以她总是想当最听话最乖巧最让人喜爱的那个，她以为这才能换得永恒不变的爱。

但随着年龄渐长，这件事变得越来越困难，因为不论她怎么努力，就是无法完全达到别人的期望，尤其在亲密关系中，她渴望成为对方心目中那个最完美的伴侣。有时她干脆选择离开，为了自己的不够完美，为此，她吃了不少苦，过程中也伤了别人。多年来，这个小女孩是我内在很重要的一个部分，经常觉得自己还需要更努力，还做得不够多不够好，自我攻击与自我怀疑像是两个如影随形的黑影， 就像志建在书中分享的那个黑影的故事，他们都是我！其实没有人强迫我要如何，但我有时却喜欢强迫自己，只为了不想让人失望。在志建的书里，我再次看见我对自己有多残忍！

一路走来，为了成为别人心目中那个“完美”的自己，我失去了界限，我失去了原本的梦想，最后，也失去了自己！我努力地忙碌着，因为害怕停下来的时候，忽然会想“真正的我究竟希望的是什么”，然后伴随我的会是一长串的沉默。今天早上，看完志建的新书，我认回也接受这样的自己，我静静地陪伴着自己，心疼着自己，也为这样的自己，好好地流泪了！

记得有一次上知见心理学Lency老师的工作坊，她要我们停下来，花点儿时间为自己辛苦的身体哭泣，我非常感恩那次的经验。今天我再一次为自己哭泣，因为我值得！够了，就是够了！已经五十岁的自己，可以好好为自己活了！

谢谢志建充满疗愈力量的书写。在这本书中，志建很勇敢地做了许多自我内在的分享，没有什么伟大的理论或分析，就是平平实实地说故事，但每个故事都可以深深触动人心，引起回响，我也从中获得许多新的力量。相信有很多人将会以阅读这本书为起点，展开自己的疗愈之旅。我们一起加油！

推荐序四

Preface

拥抱真实的自己

陈盈君

台湾左西人文空间主持人，心理咨询师，身心灵推广者

认识志建十多年了，看着他一直走在自我独特风格的叙事与灵性的道路上，真替他开心！而我对他最多的认识，就是关于“真实”这件事。志建是个很经典的说书人，除了唱作俱佳的说故事功力外，他本身更是个很“真实的人”，只要你看进这本书的故事，里面其实就是“真实”两个字！

志建写他自己的故事。

毫不隐晦，更毫无遮掩地描述自己生命中的情境，细腻地刻画了他在事件中的转折与觉察，把每个看见与觉察都如实地记录下来，并且从排斥和拒绝自己的不完美、挑剔自己，到接纳自己，承认“我就是这样的人”，让我十分佩服！

志建写他室友的故事。

我就像看小说一般，一开始的段落处，我看得非常紧张，也突然惊觉自己有“怎么可以把别人的事情写成这样”的碎念在心里冒出来，同时也认为“又不是什么值得赞美的事情，难道不担心别人看到之后怎么想吗”，但读着读着到后段时却发现，整段的重点根本不是在讲“室友做了什么”，而是在说“他如何觉知自己，如何看到自己的限制与独特性，进而能不委屈自己并接纳自己的独特”。我要大大感谢志建把这过程写出来，它帮助我看见我自己“要求完美、在意别人眼光、要讲好的方面才是得体完美”的性格，通过这个过程的理解，大大地点醒了我自己。当我看见这一点时，突然也在内心深处松了一口气（呼！）。志建只是说了一个简单的故事，却意外转动了我生命解构的能量！

志建写他母亲的故事。

这个篇章，是全书中最让我触动的部分。看着这些文字，我心中浮现出各种画面，读着读着，我也同步被疗愈了。其实，我有着跟他完全不同版本的母亲。我这样说，并不是说“他的生命比我惨，所以我就被疗愈了”，不是，而是通过这样“对比”的版本，让我对自己、对母亲都产生了新的认识，对过往这些生命经验也重新看待，因此我被疗愈了！

其实，我的母亲是非常完美的，因此，我在她眼中就显得相对“不完美”。她会觉得我老是做得不够多、做得不够好，要像她那样才行！在她的完美的期待里，我永远都不完美。于是，我从小开始总是拼了命地在心中叛逆并反抗权力者或主流文化，但在行为上却又无意识地遵照主流的期待去满足我们文化里的完美要求。就在自己成为治疗师的过程里，我也才真正有意识地发现这些“自我要求”的背后，并不是谁在影响我，而是我自己把我自己紧紧地抓住，并将自己置身在一个“完美、不许出错”的位置上。读到这里，我再次深深地感谢志建写了这段与母亲的互动，再次注入转动我生命的解构能量！

志建也写了许多他陪伴过的个案案主的生命故事。

每个故事都很好听，如同一篇篇动人的乐章，那是在咨询室中交织出来的生命美景。听过志建讲话的人，大概都会跟我有同样的感觉。读着这些文字，就像老朋友在你耳边说故事一般，自然亲切，也提醒了我们接纳并拥抱自己的一切。

恭喜志建第二本书出版，带给读者更多“认出自己”的幸福元素，真诚推荐给大家！

来自各方的赞誉，一致真诚推荐的好书

放弃改变，改变才可能发生

面对自己的不完美和生命中的缺憾，需要很大的勇气；要认回且拥抱它们更是非常困难。因为，那先要面对害怕及痛苦，并义无反顾地转身与自己的“黑影”相遇。但志建老师做到了！

这样的实践，其实必须带着诚挚的“愿意”，去真实地接触内在自我，并抱持高度尊重生命的态度。完形治疗创始人皮尔斯（Perls）曾说过一句看似吊诡但颇富哲理的话：“只有放弃改变之后，改变才可能发生。”我的咨询经验告诉我：所谓“放弃改变”，就是一种全然接纳自己或他人的精神，因为接纳一切，让我们的情绪及生命能量得以自由流动，松动与改变于是开始。

志建老师以坦诚与真实说故事的方式，分享了一段段自我疗愈与疗愈他人的美好历程。他的叙事治疗充满着温柔的力量！

——曹中玮（台北教育大学心理与咨商学系兼职副教授，心理咨询师）

一个具有疗愈性的人

人人都有故事，却不见得会说故事，即使会说故事，也不一定能说得具有疗愈性。志建不只是充分发挥他说故事的天分，而且还把故事说得具有疗愈性。

疗愈，就是从认识自己开始，以真诚一致与同理心，面对生命故事，认回自己，进而爱自己。志建娓娓道来，促使读者进入自己的生命故事，让困顿的生命看见希望，并在生命的转折处进行自我疗愈，重新认识自己、重新诠释经验，并拥抱自己的不完美。阅读本书可以说是一种集体的疗愈，志建是一个具有疗愈性的人。

——陈美琴（台湾辅仁大学医学院临床心理学系副教授）

一本令人震撼、用生命写成的书

历史，英文叫作“ history”——他的故事。一个民族如果没有故事，就没有历史，没有历史，就没有文化，也没根底了。

人，也一样，也是由无数个喜怒哀乐、辛酸血泪故事集合而成。

人，如果没有故事，也就没根了，就不会长大了。

阅读志建的文章，心情是复杂多重的。故事精彩，文笔流畅，可以轻松阅读，但是故事内容是深刻的、有血有泪的，所以无法一气呵成，必须留白、喘息、沉淀、反思……也因为这是用生命写成的故事，所以震撼性很高，启发性很好，影响力也就在其中了。

志建的故事疗愈，让大家可以安全、放心地述说自己的伤心往事，通过一次又一次地述说自己的故事，把破碎的自己逐渐整合起来，真诚地拥抱自己的不完美。这些故事，疗愈了说故事的主人翁，也疗愈了阅读故事的读者，包括我自己。

感谢志建的好故事，这是一本助已助人的功德好书。

——杨田林（台湾专业人文企管讲师）

他是天生的治疗者

治疗者的状态其实不比被治疗者来得不耐人寻味，而所谓好的治疗者必然是负伤疗愈者。对我来说，志建是属于“天生的治疗者”，他通过反复叙说自己的家族故事及叙事实践的理念，改写了自己的故事版本，也帮助无数人跳脱了“被诅咒者”的角色，让自己及别人得到释怀和祝福的可能性。

——徐立仁 （台湾某医院精神科医师）

一本带出深深反思的真诚好书

在休息的时间里能够阅读这本书，其实是很感动的。我把它当成文本，一边阅读，一边反思自己的生命故事。在缓慢阅读的过程中，我会间断地停下来问自己：“我为何那么害怕犯错？为何当别人超越我的时候，那种‘输人一等’的恐慌是如此的真实？”谢谢志建，你的故事如此真诚，如此动人！

——连廷诰（台湾远东科技大学旅游事业管理学系副教授）

光是“好看”还不足以形容这本书

看完这本书，很喜欢，不只是用“好看”就足以形容……

内心的琴弦一直被作者及叙说的生命故事拨动着，有好多好多的共鸣。

在一个个“原来……如此……”的发现中，认回这就是我，也能看见我不只是我，而完整了想要成为自己的我。

——林祺堂（台湾心灵魔法师）

哇，志建真勇敢！

“哇”与“喔”，是看这本书，不时发出的声音。“哇”说的是敬佩，志建真勇敢！“喔”说的是一份懂得，真实真的需要好大的勇气！

——黄士均（心理咨询工作者）

前 言
Foreword

故事，创造一种集体的疗愈

2012年秋天因为出了一本书《故事的疗愈力量》，从而改变了我的生活。

本以为，我只是单纯地说故事，单纯地分享自己这十几年的叙事经验，说完，故事就该结束了，不是吗?

喔，没那么简单。

我十分讶异，因为我的书、我的故事，竟然创造了许多陌生朋友跟我的生命联结，当然，他们每个人都是“受苦、但不放弃的灵魂”。

半年来，我几乎每天都会收到各地读者的来信，信中，他们勇敢地跟我分享看我书的感动、从我的故事里如何看见自己。很多人都说他们是边看边哭的，甚至，有人干脆给我写长长的信，跟我分享他们挣扎的生命故事。

收到这样的信，感动万分。读着这些故事，与每个受苦的灵魂相逢，经常叫我红着眼眶，深深呼吸着。我何德何能，竟然可以让这些朋友如此信任我，愿意将生命“托付”在我手中。别忘了，“故事就是生命”。

对待故事，我始终是礼敬的。

很感动有人愿意掏心掏肺跟我分享生命故事，刚开始，我认真地阅读，也认真地响应，但这却花费我不少时间与精力。直到有一天，我发现，这样不行，我太满了，我装不下去了，我意识到：我还要生活，还要工作。因此，后期的读者来信，我只能尽量做简单响应，感谢他们的信任与分享。这点，真的要请读者们体谅包容。对，我承认，我无法满足每一个人，我是不完美的。这点，我得学习“全然接受”。

但在众多来信中，有一种故事很激励我。

有人告诉我，我的故事激励了他，也改变了他。对，很多人因为读了这本书而做了新的决定：有人决定离职，有人决定结束一段关系，有人决定去旅行，有人决定考心理咨询师，有人决定好好地活下去……

“你的决定，决定了你的人生。”这些人因为这些决定，从此人生有了大改变，走向一条新的道路。在叙事里，这就是“重写生命故事”。

这些故事，大大地激励了我。

我的书及故事能造成如此的影响力，我始料未及。后来我跟朋友说，我知道故事很有力量，但我不知道故事的力量竟然如此大。

其中有两个故事，最叫我感动，我一定要分享。

2013年1月，我在北京有一场大型演讲。演讲完毕，听众排着长长的队伍准备让我签名。签到一半，一位中年妇女走到我的面前，眼神专注地看着我，然后红了眼眶。当时，我吓了一跳。突然，她缓缓地说："周老师，感谢你的书，它救了我一命。"

我愣在那里，表情惊讶，不知该如何回应。

然后，她接着说："去年秋天，我得了抑郁症，一直想自杀，连我的咨询师也束手无策，有一天她跟我说：'就算你要死，也先把这本书看完再说吧。'她把你的书丢给我，要我看。我花了三天看完，边看边哭，然后跑去跟我的咨询师说：'我会好好活下去的。'"说完，她泪雨如注。我依然无言，红着眼眶。

另一个故事，是在台湾。

有一天下午，我突然接到一个陌生男子的电话，他二话不说劈头就骂我，批评我写这样的书会害死人，还问我在哪一间大学任教，要去学校告我的状（听到这里，我很清楚地知道：这人不是我的读者，他根本没看过我的书。书上写得很清楚，我是自由工作者啊，他竟然不知道）。

被骂得莫名其妙，我心里很不舒服。直到晚上，真相大白。

晚上我又接到一位陌生女子的电话。她说："周老师，很抱歉，我先生下午打电话骚扰你，对你很不礼貌，真的很对不起。"

我问她到底发生了什么事。她说，她先生酗酒，长期对她精神虐待，用粗话骂她，甚至打她，但她觉得“家丑不可外扬”，她一直隐忍着，不敢说，也不敢离婚，抗抑郁的药持续吃了好几年。

“有一天我去医院回诊，我的精神科医生看不下去，他推荐我看你的书，我买回来两天就看完了。然后，我每天就抱着这本书反复看，吃饭看、睡觉也看。边看边哭。”

“昨天，我先生又喝醉酒骂我，甚至想动粗，但这次我瞪着他，跟他说：‘你敢再动我一根汗毛试试看，我一定告你，跟你离婚！’”（听到这里，我的眼泪就飙出来了。）

这位女士瞬间变成一个“巨人”，变得好有力量。

那晚，她没有被打。第一次，她为自己“挺身而出”。

我终于明白了那通男子的电话是怎么一回事。

是的，是我“害”他不能继续虐待他老婆。他的老婆竟然敢“顶嘴”、想告他，是我“害”他不能继续使用暴力控制他老婆的。

我很高兴，我“害”了他。

最后，那位女士向我表达深深感谢：“我真的受够了，我要开始学会爱自己，谢谢你的书带给我力量。”

这些故事，带给我极大的震撼与启示。

真要感谢这本书，让我有机会可以跟这么多受苦的灵魂深深联结，当中，我再次充分感受到故事的神奇疗愈力量。

于是，我在想：如果我只要单纯、老老实实地说故事，就可以在无形中帮到一些人，那我为什么不做呢？这便是我一年后愿意继续写第二本书的动机。

是的，这本书可以当作上一本《故事的疗愈力量》的延续。我继续说着我的生命故事，以及我做叙事咨询工作的故事。如同苏格拉底说的："没有经过反省的人生，是不值得活的人生。"在还没有给出故事之前，我们永远不知道"自己是谁"。故事给出一种明白、一种看见。

尤其在这本书里，我说了更多关于自己不完美的生命故事。

是的，我有一个不完美的人生、不完美的家庭，我本身也是一个不完美的人。这些，通通要认回来。"我不用完美，但我要完整"，这句话在我的书里反复出现，使许多读者受益。

说着自己不完美的故事，除了认回自己，让自己更完整，当中，我也看见自己的勇气与力量。如同《不完美的礼物》[1]一书作者布芮尼·布朗所言："揭露自己的故事，并且在过程中爱自己，会是我们所行之事中，最勇敢的一件事。"

是的，说故事是一件"爱自己"的事，它也是一种自我疗愈。

更神奇的是，说故事不只疗愈自己，无形中也疗愈了他人。这几年，我的叙事工作坊、私塾，就是在做这件事。我们在彼此的故事里，看见彼此，也疗愈彼此。故事，创造出一种集体疗愈的效果与行动。

许多读者来信告诉我，因为我的书、我的故事，让他们的

1 *The Gifts of Imperfection* 繁体中文版。

生命有了新的看见与改变，通过这些读者的回响，我才知道：原来，在故事中，我们是一体的（We are the one）。

一人的故事，众人的故事。在故事中，让我们得以拥抱不完美、拥抱生命，并发现这是人性的共通之处。如同厄尼斯特·科兹[1]所说："不完美是我们与别人最大的共同处。"说得真好。让我们能够彼此靠近的，其实都是我们的"不完美"，而绝不是我们的优点、长处。

说故事，得从生命的断裂处开始。

这个"断裂处"，就是让我们伤痛的不完美处。在生命的裂缝里，藏着恩典，我们得去寻找；通过说故事，叫我们看见生命的恩典。

说故事，让我看见自己、认识自己，也更拥抱真实却不完美的自己。在故事中，让我们踏踏实实地跟自己"在"一起。这就是"我说，故我在"。

在这本书里，我说了很多关于自己不完美的母亲、不完美的自己的故事。唉，对于要如此"厚颜无耻"去暴露自己不完美，我不是没挣扎过，当然有，心里还是会挣扎的，相信我。只是，我依然相信，这件事是值得我去做的。故事的疗愈，得从我以身作则开始。只有生命可以抵达另一个人的生命，这是我的信念。

---

1 *The Spirituality of Imperfection* 一书作者。

最后，感谢中国妇女出版社愿意出版这本书。同时我更要感谢我的个案案主、参加我私塾工作坊的学员，没有你们，就没有叙事实践，也就没有这些故事。这本书有些故事，如果是出自他们身上的，都经过化名与大量修饰处理，目的在于尊重其个人隐私。如果还有其他不完善之处，敬请不吝指教，当然更欢迎读者与我分享您的阅读心得。

因为故事，叫我们同在。

因为故事，让我们感受到生命的温度与力量。

因为故事，叫我们活着，不再孤单。

因为故事，让我们拥抱不完美，并活出真实的自我。

切记，我们都不完美，但我们都足够好了。故事的疗愈力量，就是这样来的。

周志建

目 录
Contents

第一章 认回每一个不完美的自己

认回孤单 ... 002

梦的领悟，黑影的隐喻 ... 011

在每个发生里，看见自己 ... 016

跟自己的不完美和解 ... 022

谦卑的修炼 ... 027

看见自己想当好人的背后 ... 032

认回自己的独特性 ... 039

认回我的孤独与爱自由 ... 043

第二章　认回不完美的母亲

是的，我有一个不完美的母亲 ... 048

认回不完美的母亲 ... 055

让内心那个理想的母亲死掉 ... 066

新母亲的诞生 ... 079

受苦的女人（母亲的故事） ... 088

因为慈悲，所以懂得 ... 096

第三章　拥抱你的内在小孩

忏悔的力量 ... 104

内在小孩的灵性疗愈 ... 111

不要背叛你的孩子 ... 118

超度童年的伤痛 ... 123

被背叛的痛，不只如此 ... 129

原谅自己不能原谅 ... 134

认回被背叛的感觉 ... 140

承认自己不喜欢母亲 ... 146

你什么时候开花，都可以 ... 152

不要阻止你的孩子长大 ... 157

第四章 在不完美中看见生命的美好

陪孩子走路回家 ... 164

故事创造故事 ... 170

勇敢的巨人 ... 176

重新拥抱内在那个小孩 ... 188

打蟑螂记 ... 196

这样的寂寞，有谁懂 ... 201

所有外在发生，都在内在 ... 205

尊重自己的感觉 ... 210

早知道是做梦，就早点醒来 ... 214

偏见无所不在 ... 218

不用改变，于是改变 ... 223

故事最终回 拥抱不完美，与自己和解的时刻 ... 229

附 录 满满的感动，满满的爱

——来自《故事的疗愈力量》读者的热烈回响 ... 234

延伸阅读 ... 242

第一章

认回每一个不完美的自己

当一个人能够真实地接触自我
看见、不批判，接纳、不否定
如实观照、反思
对我来说，这就是修行了

认回孤单

如果否认了生命里的孤单，
于是也否定了自己的存在，
这，才会叫自己更孤单。

人，生而孤独。其实，从小我就是一个孤单的孩子。

在长长的书写里，叫我认回了自己的孤单。后来，在我孤单的故事里，让别人也遇见了他自己的孤单。于是，我才明白了“人，生而孤独”这句话。于是也才知道：如果人否认了生命里的孤单，才会叫自己更孤单。

孤独，如果是生命中的必然，那就转身、认回，将它看个透。

进入我的孤单，叫我得以靠近自己，并与他人的孤独同在。

于是，我想说故事——说我孤单的故事。

故事，就从一个梦说起吧。

梦

有一年春天，接近清明时分，一连下了好几天雨，我的心被滴滴答答的雨声敲出一个又一个洞，那是寂寞的洞。于是，在一个天将亮的清晨，我做了一个梦。

梦里，我跟我两个侄子在玩，其实他们现在都已经长大成人了，但在梦里，他们变成了小孩，而且是身体很小的小孩，像卡通里面，把小孩子画得很小很小、很可爱的那种。

小小的身体，圆滚滚的脸，小孩用单纯的眼睛看着我、跟我说话，一直笑、一直笑，笑得很开心。不一会儿，他们爬到我身上，像松鼠一般，在我身上蹿来蹿去，玩得不亦乐乎。

梦中的我，玩得好开心。记忆中，我不曾这么跟小孩子玩过。

不一会儿，他们突然长大了，变成了大人。

接着，我们玩着互背的游戏。一下子是我背侄子，一下子换成侄子背我，我们玩得不亦乐乎，笑声连连。梦中，我有点儿担心侄子背不动我，但他却可以，他背着我，开心地大笑，然后一直跑、一直跑。哈哈哈，笑声穿透天际……

忽然间，我醒了。

醒来时，嘴角还残留着梦里的微笑，有一种说不出的幸福洋溢在心头。在那个当下，我以为，侄子还贴在我背上，因为背上余温犹存。

喔，原来是一场梦……

童年的孤寂

醒来后，打开窗，望着窗外湿冷的天气，吸了一口冷空气，也叹了一口气。此刻，整栋房子，只有我，一个人。

幽幽地坐回床上，继续回味着梦里的笑声与欢乐，我想要抓住此刻幸福的余温。

突然间，我想起了就在上个月，我也做过类似的梦。

那一次，我梦见自己出现在一所高中，看见一群高中生在教室里打打闹闹、玩成一片。那次梦里，我像个隐形人，在一旁观看年轻人打闹，同时也感染着他们的青春气息，那个当下，心情十分愉悦。

那一次，从梦中醒来时，一样有一种满足、喜悦感，心里暖暖的。

为什么会做这样的梦呢？我自忖着。

不久之后，我意识到一件事：我看见了我的孤单。对，我很孤单。从小到大，一直都是如此。

这两次梦中的场景，对我来说是很陌生的经验。从小，很少有人这样和我玩、逗我开心；从小，也很少有人这样开心地背着我、逗我笑。印象中，我经常是孤单一个人的。孤独，是我童年的写照。

小时候家贫，父母为了生计必须出外劳动、做小生意，经常把我放在家里。那时候的我四五岁吧，经常一个人在家，兄姐都去上学了，我没上学，或许是家贫，父母没让我上幼儿园。

在四五岁之前呢？

当我还是婴儿的时候，据说母亲背着我到处摆地摊、做生意。我当然不记得了。但我想这应该是真的吧，因为我有一点O形腿，据说那就是小孩子被大人背在身后太久所造成的。

小时候的我，在母亲的背上，除了母亲的体温，就是自己一个人。母亲忙着做生意，无暇管我，我只是依附在她背上的一个“东西”。

有一次，我哭闹得很凶，一位跟母亲买东西的妇人好心对母亲说：“你的孩子饿了，赶快带他回家喂奶吧。”此刻，母亲才意识到，原来，她的背后还有一个我，而且我饿了。这是母亲前几年才跟我说的故事。

等到两岁以后，我可以爬、可以走时，我就离开了母亲的背。

那时，我还无法独立在家，于是母亲依然带着我到市场跟她一起摆地摊做生意。人来人往中，母亲忙着吆喝卖东西、招呼客人，赚钱维持生计，是母亲的第一要务。而我呢？离开了母亲的背，小小的我一个人处在人潮中，不是满地爬，就是呆呆地坐在地上望着人来人往，等待母亲收工。那种等待，是漫长的，但我也习惯了。在长长的等待里，我一个人，发呆，没人理。

喔，原来我的孤单，是这样来的。

等到四五岁，当我可以自己独立进食时，母亲就把我一个人放在家里了。我不再成为她东奔西跑的累赘。那时候，母亲依旧很拼命，每天早出晚归，一个人背着大大的背包，里面装满兜售的物品，外出赚钱打拼。

那段一个人在家里的日子，我依稀有点儿印象。

记得，我经常在离家门口五十米的一棵大龙眼树下玩耍，等待家人回来。记忆中的大树，是一棵茂盛的龙眼树，高大浓密，它取代了母亲的背，成为我童年唯一的依靠。

每天，日升日落，在大树下，我玩着树枝、听着风声、对着天空发呆，打发一整天。信不信由你，那时候，我一个人在树底下，经常喃喃自语，对着树、对着空气说话，甚至，跟一些看不见的东西说话。

有一年秋天，我坐在树下，望着一旁秋收的稻田，一群农夫正忙着收割。每到中午，农妇会送来丰盛的午餐和点心，然后，好心的农夫会拿来一块糯米糕或端来一碗绿豆汤给我。那一年秋天，树下的我，开始跟人有了联结。

吃着温暖的食物，农夫每次都问我是谁家的孩子。每次，我都低着头只顾吃喝，不说话。然后，在那个秋收的季节里，每天我都会出现在田埂边，依旧一个人，发呆，然后每天上下午各一次，好心的农夫会来分我点心吃。喔，那是一个温暖的秋天。

有一天，农夫给我一碗红豆汤后，再次问我的名字，我依旧不答，然后他转身，跟旁边的农夫说："真可怜，这孩子是哑巴。"

是的，从小我就是一个安静的人。那份安静来自跟人的关系断裂。

前几年过年，大我一岁的表姐还跟我说，她对我小时候最深刻的记忆就是：我经常坐在田埂边，一个人对着天空发呆，一坐就坐好几个钟头。那个田埂，就在离龙眼树十米的地方。

等到上了小学，我还是一个人。

那时小学一、二年级只上半天学，因为教室不够，所以一、二年级须轮流使用教室。如果我下午上课，早上我就会一个人在家，等到中午时，自己去厨房热菜吃。饭菜是妈妈一早出门时留在餐桌上的，自己弄热来吃，吃完再自己一个人走半小时的路去上学。

每次我跟朋友讲这些事，他们都不信，觉得我在编故事。“太夸张了吧。”朋友说。如果是现在，根据法律规定，我的父母这样把我单独留在家里，绝对是违法的。但是，法律哪里知道，以前贫穷人家，为了养家糊口，父母得出外打拼的辛苦与不得已。

贫穷与匮乏，会逼着孩子长大。贫穷人家的孩子，很早就得学会独立、自立自强，这是生存之道。

我当然知道，这不是父母的错，也不是我的父母不爱我，那是大环境造成的。按照马斯洛（Maslow）的需求理论，当时我的家还停留在满足基本的生理需求，那是一种“生存焦虑”的求生存阶段。这些，不是有钱人家，也不是冰冷的法律可以理解明白的。

贫穷与自卑

于是我终于明白：我独立自主的生存之道，是怎么来的了。

生长在那样的大环境、贫穷的年代、蓝领阶级的家庭里，你不得不长大，不得不自立自强。这一切，都是为了生存、生存、生存。

说完了故事，于是我也渐渐明了：这个生存之道，带给我的日后影响是什么。

对，当我学会了独立、不依靠别人、一切都自己打理时，我自然也变得孤单、孤僻、不合群。一直到现在，我还是不擅长跟人“合作”，虽然我也很渴望体验跟人一起完成一件事的感觉。如好友D所说：“你能力太强了，很多事一个人就可以搞定，根本不需要别人。”这是真的，我经常觉得一个人反而好做事。

记得刚上小学一年级时，我好焦虑。

我的焦虑，跟一般孩子的焦虑不同。很多小学生的上学焦虑来自与父母的“分离焦虑”，但我不是。从三四岁起，父母就经常不在家，都是我一个人，我早已习惯分离、习惯孤独了。我的焦虑反而是，我不知道要如何跟一群陌生人相处，我更不知道如何跟一样年纪的孩子玩耍、互动。

那时候小小的我，真的很焦虑。

小学一年级时，我很怕生，记得第一次去学校的我焦虑到连下课都不敢出去玩，包括上厕所也不敢去，结果，我就直接坐在教室，尿湿裤子。然后，这件事成为全班的笑柄，于是，我就更退缩、更自闭了。

这也是让我自卑的开始。

从小孤单的我，经常一个人，很晚社会化。进入小学，我开始意识到别人的存在，也开始意识到我跟别人的“不同”。这个不同，让我很自卑，也让我被“边缘化”。贫穷与人际的失能，都很叫人自卑，这是我小时候深刻的记忆。

自我救赎之道

学习心理咨询将近25年，在生命走入秋天之际，回首人生，说着自己从小孤单的故事，我于是明了：自己为什么会走上心理助人工作者这条路。原来，这是一条“自我救赎”之道。

小时候的贫穷、父母为了求生存造成对我的忽略，这些虽然让我很早就学会独立自主，但是，如今我才明白：我内心有一个小男孩，他渴望爱、渴望被照顾呵护，这个小男孩很想被看见，很想他的需求被满足。而且我也知道，这种爱的需求一直都在，它不会因为我长大成人、功成名就而消失。

研习心理学以后，我更加明白：贫穷与物质的匮乏其实并不可怕，可怕的是，爱与关系的匮乏。

当年母亲的生存焦虑，已经大到无法对孩子给出爱来，我必须承认：从小我爱的“奶水”是不足的。虽然我知道这不能怪她，母亲本身是先天不足，她从小就没有被爱够，她的父母是剥削型的父母；但此刻，我却不能否认自己内在小孩爱的匮乏与需求。

我也知道，其实他们是爱我的，他们尽力了，不然不会拼命去赚钱，好让我们一家人可以温饱、存活，不是吗？但我也必须承认：这种爱（奶水），是不够的，对当时那个小男孩而言。

从小我就不哭不闹，在当时那个物质与爱同时匮乏的大环境下，凡事的考虑就是“生存”。于是，我自动地变成一个乖顺懂事的孩子，安安静静待在自己的世界里，孤单、自由。

现在回观，当然理解那份过度的成熟与懂事，其实是压抑。压抑，切断了内在本我的需求与渴望，这件事，是需要付出代价的。虽然独立让我得以存活，活得坚强又能干（像我妈一样），但独立也让我孤单，并与他人产生断裂。

早上的梦里，叫我遇见了自己内在孤单的小男孩。回顾儿时过往，去面对自己不完美的人生，更叫我明白一件事：孤单，是我的生命本质，而我会走上心理助人之路，其实也是想要认回我内在那个孤单的小男孩。

说故事，认回自己的同时，我也在疗愈内在那个孤单的小男孩。

梦的领悟，黑影的隐喻

直到今日，通过这个梦，
内心那个小男孩，才得以被我这个“父母”，
以充满爱意的方式，给认了回来。

说完以上的故事后，我终于明白：为什么我这么能够同理[1]我的案主了。

因为我从个案身上，看见了自己。我自己走得有多深，我就能走进别人的生命有多深。我看见了自己的孤单，于是我也才能同时看见案主生命里的孤单寂寞。

成为心理助人工作者，让我享受着跟人的亲密互动，这是我要的。聆听故事，借由别人的生命，我得以同时进入自己的内心世界。当我进入那幽暗深远的黑洞之后，我同时看见自己与案主的内在小孩，那个一直渴望被理解、被拥抱的小孩。

我想，我今生的任务，就是去解救自己内心那个小男孩吧。

我靠近了自己的内在小孩，于是我才可能去靠近他人的内在小孩。这十多年来，我致力于叙事疗法，聆听着别人的生命故

1　同理：是指对人要有同理心，即将心比心，站在对方的立场去感受、去理解。

事，原来，我在努力把自己变成一个“好父母”，借由聆听别人内在小孩的声音，去聆听自己内在小男孩的声音；我试着学习爱别人，其实是在学习如何爱自己。

爱自己，是需要学习的，相信我。尤其当你从小就处于爱的匮乏状态时。

在初中、高中的时候，我经常羡慕那些有一大堆朋友、可以轻易跟人说说笑笑、建立亲密关系的同学。那时候的我缺乏这种能力，也缺乏这种关系，直到近不惑之年后，我才开始学会跟人深谈，说内心事。这都要归功于“叙事”。叙事这件事，我是彻彻底底先实践在自己身上的。你不能给别人你身上没有的东西。通过说故事、听故事，让我与自己有了深深联结，进而，才能跟他人产生亲密的联结。

再回顾那天清晨做的梦，梦中的我，充满了爱意，跟着侄子一起玩耍，那一刻，十分开心。此刻，我突然领悟到：梦中的孩子，其实就是我自己。

其实我是在跟自己玩，我在背我自己。原来，现在的我，已经有能力爱自己、有能力拥抱自己的内在小孩了。这个发现，叫我感动得热泪盈眶。

是的，直到今日，这个梦不只叫我认回自己的孤单，更让我以一个“好父母”充满爱意的姿态，去认回那个小男孩。这是一个充满疗愈的梦。

转身面对黑影

从一个梦开始，诉说自己孤单的童年，同时也去认回童年孤单的自己，这就是故事疗愈。

过去所有发生的且不完美的，除非你转身面对，与它相遇，才能叫那个经验得以“安歇”、重新被安顿。不然，它会成为一个阴影，一辈子跟随你，叫你痛苦不堪。

此刻，我突然想起一个故事，那是一个隐喻。这个隐喻出自《地海巫师》这本奇幻小说。

书里描述了巫师格得如何学习巫术成为大法师的过程。年轻气盛的格得在巫师学院时，一直是个表现优秀、领悟力高的巫师，所以很骄傲自大、目中无人。他的同伴很不服气，经常挑战他，而他也喜欢接受挑战，得意地展现自己的魔法实力，想叫人屈服于他。

据说，在所有法术中最难的是把黑影、黑暗的力量召唤出来，然后再把它们收回去。一般巫师都不会，但是格得会，因为他非常聪颖、领悟力过人。有一次，在同学的挑衅下，他又把黑影、黑暗的力量召唤出来，但这一次，他却收不回去了，毕竟，他还是个年轻的巫师。

于是，黑影就每天跟着他，不断地伤害他、迫害他，而且会幻化成他的影像，到处做出伤天害理的事，所以他也一天到晚被人追杀。

格得因此陷入痛苦，一路逃亡，不知所措。于是他想起在巫术世界里的传说，要制伏黑暗力量只有一个办法，那就是找到它的真名，喊出它的名字，黑影就会被制伏。

格得花了很长时间寻找黑影的名字，但始终无功而返。

有一天，他又被黑影追杀。这次，他逃到天涯海角，面对悬崖无路可逃时，他决定放弃逃亡。他突然转身面对黑影。就在他面对黑影时，逃无可逃的他内心涌上一股巨大的悲伤，然后，他对着黑影大声喊出自己的名字："格得、格得。"刹那间，黑影消失了。黑影竟然被收服了。

这是一则隐喻故事，其实"黑影就是自己，自己就是黑影"。转身面对自己，才能收服黑影。

说故事，认出自己的黑影

有一天，一位年轻案主跟我晤谈，谈到自己的童年经历，在他的故事里，我看见了深深的孤单。当然，在他的孤单里，同时我也遇见自己的孤单。于是，那一天，我突然有个灵感，特别想跟他分享这个隐喻故事。

案主很认真地听完这则故事，听完后，他把背靠在沙发上，抬头，沉思了好一会儿后才回神，把眼睛转向我，对我说："这真是一个好故事，我一直没办法面对过去被二一退学[1]的阴影，所

1　二一退学：台湾学生如果某一学期所得的学分不够规定的1/2的话，就会被退学或留级。

以才会躲进电玩世界里，麻痹自己。”

接着，案主跟我说了他当年如何被二一退学的故事。

在说故事的当下，他变成了“格得”，他转身面对了那个一天到晚追杀他的巨大黑影。

那一天，他跟我说了好多好多故事，当下，他决定不再隐藏、不再逃避。说完故事后，他神情变得放松许多。他，自由了。

这就是故事的神奇疗愈。当我们转身面对黑影时，它就不再是黑影，不会再继续追杀我们。

这几年做叙事，聆听着案主的故事，其实我在做的，就是帮助每个人勇敢地面对自己的黑影，重新叫出自己的名字。就如同我这些年，说着自己的故事，去面对自己的黑影一样。

“以自己的名字，叫出黑影的名字，借此使自己完整，成为一个人。一个了解整体真正自我的人，除了自己以外，他不可能被任何力量利用或占有。”有一天，我在《心灵秘径》一书上看到这段话，刚好给故事的疗愈下了最佳的批注。

这几年聆听许多生命故事，我深切体会到：生命的本质，就是孤单。

我的孤单不管是出自先天或是后天，我都得转身回头，去认了它。然后，奇怪的是，当我说着故事，认回我孤单的那一刻，孤单也在瞬间消失了，如同追杀格得的黑影消失一般。

说故事的那一刻，让我与我自己及我的孤单同在。同时在这一刻，我的心是盈满温暖的，不再空洞、孤独。

在每个发生里，看见自己

不管你怀着多大的善意，仍然会遭遇恶意；
不管你抱着多深的真诚，仍然会遭到怀疑；
无论你呈献多少柔软，仍要面对刻薄。
但请记住，
你的人生是你的，不是任何人的。
——扎西拉姆·多多

有一天打开脸书[1]，惊见有人在我的脸书上这样留言："够了，有够自恋。"

当下脸立刻唰一下涨红，心跳加快。（嗯，没错，依照布朗博士的羞愧研究，这是典型羞愧的生理反应。）

被批评得莫名其妙，让人不知所措。我真的不知道是怎么一回事，但这个留言像一根毒针，冷不防地射进心坎里，叫我感到羞愧与不悦。

羞愧之余，我感到相当震惊。（我有得罪谁吗？）

不管是日常生活中或脸书上，我几乎很少跟人争执或口出恶言。我自忖着："我一向和善待人，没得罪过人呀，怎么会有人

1 脸书：即Facebook，一个社交网络服务网站。

批评我呢？”深深不解。但我得承认，当下心里真的很不舒服。尤其是刚看到的那一分钟里，我甚至愤怒且立刻关掉了脸书页面。

一分钟过后，我深深吸了一口气，让自己恢复理性，去面对刚刚那个生气与羞愧的自己。然后，我想弄清楚，他是谁？为什么要说这样的话？

当我再打开电脑时，心，依然微微地颤抖着。

带着不安，我点进去他的留言处，想进行了解。

喔，他的留言是放在我写的一篇故事里。我写了什么呢？咦，没什么啊，我只是分享因为有人读了我的书，让自己有活下去的力量，还有另一个故事是一位长期被老公家暴的妇女，因为我的书，让她有勇气为自己发声、挺身而出。有一天，丈夫又想对她动粗，她竟然对丈夫说：“你敢再碰我一根汗毛试试看，我就告你，跟你离婚！”这些故事是真实的，也叫我感动，于是，在脸书上我说：“因为这些故事，叫我觉得说故事是一件值得我继续做的事，我知道，这是我的天命。”就是这样呀。

难道，说一个真实的故事，就是自恋？一个人能够认清自己的天命，也算自恋吗？

一边反思，一边咀嚼着我的羞愧与愤怒，我依然感到委屈。

我不否认，有时我也会骄傲、自负，我是不完美的，我承认，但我也知道我没那么严重，还不至于到“自我感觉良好”的地步。我确定自己是一个会反思的人。

感人的故事，只是想跟朋友“分享”而已，说自恋，太严重。

这个故事是放在某个群组里分享的，或许，突然不小心给“外人”看见了，他不在我们的关系网络里，才会感觉到我这个人怎么这么爱显摆吧？我想。但是，他不是我的朋友，也不认识我，他有资格对我做出这种批评论断吗？

在上一本书《故事的疗愈力量》里，我说过这句话：任谁都没有资格，在别人生命的天空里指指点点。你看，这件事不容易吧。马上，就有人来给我“指点”了。

面对自己的不悦，我要怎么回应他呢？我心里想了几个答案：

A：先生，你可以不喜欢我的故事，我尊重你的感觉，但你没有权利批评我。请别自大、自以为是，请好自为之。（温和坚定、维护自尊）

B：先生，很抱歉我的故事让你不舒服了，我会改善的。（讨好）

C：不用回应。不理它，当作没看见。（漠视）

D：你以为你是谁呀，敢这样批判别人，你根本就是嫉妒、见不得别人好嘛。（加强火力、攻击回去）

如果在20年前，我一定采取D的回应方式，火力全开，以牙还牙，如此才能消我心头之恨（哈，我的修养很差）。但通过这几年的灵性修行，我知道，这方式是行不通的。逞一时之快，很爽，但结果却是：让我变成跟他“一样”的人。

不回应？这不是我的作风，我不能欺骗自己，假装没看见。

讨好？够了，过去的我也时常讨好他人，现在，我不想再这么委屈自己。

A的方式比较像是现在的我，但我在想，我得去掉最后那个“自大、自以为是”的批判话语。“你给出什么，就得到什么。”我谨记这个灵性法则，批判只会招引来更多的批判。这个世界之所以纷争不断，就是因为每个人都想证明“我对，你错”。够了，这种输赢游戏，现在的我，一点兴趣都没有。

于是，我最后这样回复他：“说真实的故事，不等于是自恋。但感谢你的提醒。如果我的故事让你不舒服，抱歉。以后我会尽量低调一点。”这是真心话。为了不招惹这种人，以后我想更低调一点。

回复完，心，安了。

这样的回复，虽不是最满意，但起码，我为自己发声了。

另一方面，我也在反思：对某些人而言，我的分享是否真的会触碰到别人生命里的什么“东西”，叫他们不舒服呢？如有，虽不是我的错，但我还是想尽量避免。基于慈悲，我不想别人因为我而不舒服。

是的，我可以再低调谦卑一些。毕竟，不是每个人都喜欢我或支持我，这件事，我老早就知道，也完全能接受。我从来没有奢望要被每个人喜欢或认同，这是不可能的。我明白。

过了不惑之年，我早就厌倦跟人玩竞争、比较的心理游戏，如今却引来不必要的批评论断，实在划不来。生活已经够辛苦了，我只想简简单单过日子就好。

回复完以后，思考着这件事对我的影响，然后，放下。

隔天午后，当我走在绿园道散步时，手机响了，我打开一看，是那个人回我脸书，里面又继续说了一句莫名其妙的话（我当然知道他又自以为是想要“教”我什么）。当下，我真的有点儿火大了。心想：我要怎么样才能让这个讨厌鬼知难而退呢？我真的不想跟这种人纠缠。

当下，我决定不再忍耐，用简讯回他：“够了，请自重。”我想让他知道：我生气了，我不需要那么nice（和善），不然又在讨好。

回完后，我的心依然揪着。

边走，我边自问：为什么我会“吸引”这个人来冒犯我呢？

我知道了。我是一个和善的人，我一直想当好人，我尽力不去得罪人，更不会去冒犯他人，但如今他人侵犯到我，我却还是如此“有礼貌”地劝退，不去恶言相向，这是教养？还是讨好？你越是不想得罪人，反而越是招扰某些人来侵犯你。你越害怕的事，它就越来到你身上，这就是“吸引力”法则吧。

“对这种人，我需要永远这么nice吗？”我自问着。我分辨礼貌与教养的最后极限在哪里，它适用在每个人身上吗？

我发现：如果我没有先对自己慈悲，那么我对别人的慈悲与善意都是假的。那是讨好。我突然明白，人不需要活得这么委屈、没有尊严。

“够了，请自重。”这是当下我所能撂下的重话，虽是简单几个字，但我知道，它是有力量的。

果然不久后，他回复了：“感谢提醒。”就这样，故事结束了。

还好，对方算是理性的人，没跟我死缠烂打。不然，老实说我也真不知该怎么办才好。

生活中，总会碰到一些人，想跟你纠缠不清，叫人不知所措。现在，我清楚知道：我的时间很宝贵、生命很宝贵，我不想浪费时间在这种人身上。

还好，这件事就这么“过去”了，没有纠缠太久，算大幸。但这几天我老想着这件事，当中，确实带给我深深的反思与看见。

第一，我告诉自己，以后可以再低调一点，以免招惹是非或不怀好意的人。

第二，我问自己：“为什么我会招惹这个人来批判我呢？是不是内在也有一个我在批判自己？”所有外在的发生，都在我们自己的内在。

第三，我告诉自己：“对，有时我确实也会骄傲、自负，我承认，因为我也不完美。感谢提醒。”

在最后的反思里，我跟自己说：“是的，我不完美，但我也不需要永远这么nice。我是可以生气的，我不需要每次都当好人。”

在这样深刻的反思里，我突然发现，这个发生，其实还很值得。

跟自己的不完美和解

完美是一只大怪兽，它会把人扭曲变形，
如果我被扭曲了，我就会再去扭曲别人，
这件事，够了。到此为止。

写完上篇故事后，让我对自己有许多看见；写完后，心里安稳不少。

然后，我帮自己泡了一壶花草茶用保温杯装着，一个人走出家门，到仙迹岩的山上漫步看夕阳。

走在微风里，看着天边的云彩被夕阳染成一片晕红。然后，我继续思索着："为什么当初我看见有人说我自恋时，我的双颊会唰一下涨红，立刻感到羞耻？"我往内探索着。

喔，我感觉被批判了。然后，我很快觉察到："我是一个害怕被批评、很怕自己不够好的人。"嗯，这是一个很重要的看见。

"那种害怕自己不够好的羞愧感是哪里来的？"我继续往内探。

此刻夕阳照得我满脸通红，不同于羞愧的脸红，我喜欢夕阳的映照，让我感到一种温暖与安定。

漫步在夕阳里，突然，小时候的某段记忆马上浮现出来。

那是小学四年级的事。小学我的功课不好，唯独地理一科还不错，地理老师说话操着浓浓的乡音，听她的课有点儿吃力，但她是一位好老师，很会鼓励学生，只要你考了一百分，她就会送一个小礼物嘉奖你。

有一次期中考试，我地理考了一百分，第一次获得了老师的奖品，我开心极了，这对功课不好的我简直是奇迹，带给我极大的鼓励。下课后，我拿着奖品去跟同学炫耀："你看，老师给我的奖品。"然而，同学的表情叫我惊讶又深刻，一辈子难忘。她瞪了我一眼，撂下一句："有什么了不起！"转身就走人。我当场愣住。

从那次经验里，我学到一件事，"做人不能太骄傲，不要去跟人炫耀自己的成功"。

小学的我家贫、功课不好，活得很自卑，好不容易有一次可以骄傲的小小"幼苗"，就在那次同学嫉妒的眼神与无情的批判中"夭折"了。

然后，再回到前几天发生的事，脸书出现一个我不认识的人，他批评我自恋，让我当场就羞愧到脸红。你知道当时除了关机以外，我还做了什么事吗？当我有勇气再去开机面对时，我做的第一件事是退出那个群组。这篇故事被我放在某个叙事的群组里，里面很多是上过我课的学生，所以我本以为很"安全"。如今，我突然被攻击，于是小时候那段羞愧的记忆，也跟着自动化反应。喔，原来如此。

现在当我再看这个“退出”群组的动作，就如同当年被批评的我，后来选择“退缩”一样。从那次之后，我的地理再也没有考过一百分。

如今，这件事却让我明白：原来，人是可以骄傲的，骄傲有时也是叫人往前的动力，不是吗？

骄傲有何不可，只要适当、不过分就好。

其实我一直是一个很自制、要完美的人。“但做人一定要如此节制、完美吗？”我问着自己。其实，要完美的本身，就是一种“不完美”。

此时，睥见人生一路走来，一直想要“求完美”的自己，心里很复杂，也很感慨。

夕阳里，深深吸一口气，我温柔地跟自己说：“亲爱的，自恋没什么不好，我不需要那么完美的，好吗？”

慢慢地，我也在自忖：什么是自恋？一个人如果可以跟自己恋爱、喜欢自己，这有什么不好吗？

偏偏，我们的文化从小就是一个“挑错”文化，从小我们被批评惯了，于是长大以后习惯自我批判，进而批判他人。我们的教育，很少教我们去欣赏自己、爱自己。做人的辛苦，就在这里。

我清楚地知道：这十几年来，我说故事、做叙事，其实只是在学一件事，就是爱自己。这个功课，好难啊。现在，好不容易我稍微可以爱自己、接纳自己了，你看，马上就出现一个“法官”来告诫你：不要自恋哦。这就是社会主流价值的“监督”功能（也是麦克·怀特书里所说的“圆形监狱”）。你看，人要做自己，真难啊。

好，现在我跟自己说：我可以自恋，但不要自大，我可以爱自己，但也要同理别人。自恋真的没关系，只要有反思，那就够了。我们真的不需要完美。

然而，我也反思到：当我骄傲、想炫耀自己时，是否也表示我不够完全自信？我承认。没关系，我也是人，确实我还不够完美。我愿意去接纳：自己目前就是这个样子。至少，我不想、也不需要再“假装”完美了。

完美是一只大怪兽，它会把人扭曲变形，如果我被扭曲了，我就会再去扭曲别人。这件事，够了。到此为止。

但我也同意，自恋也是要有分寸的。这一年来，每当有人说喜欢我的书、感谢我时，我经常故作镇定，其实心里暗爽得很，当中除了高兴之外，内心其实还有一点害羞，我对这样的称赞常感到不知所措。这是真的。

你想，如果是一个自恋狂，他会感到害羞吗？相信我，不会的。他会把别人的赞赏视为理所当然，并沾沾自喜。但我不是，我是一个矜持的人，每次我都告诉自己：“高兴一下子就好，不要骄傲。”

现在想想，好吧，就算我是自恋又怎样，我需要这么完美吗？

为什么我害怕别人批评我，害怕自己不够好呢？此刻，我想起中国当代女诗人扎西拉姆·多多说的那句话：“不管你怀着多大的善意，仍然会遭遇恶意；不管你抱着多深的真诚，仍然会遭到怀疑；无论你呈献多少柔软，仍要面对刻薄……”

唉，这是真的。

不管你再怎么做，再怎么努力求圆满，总有人对你不满意，总有人会批评你的，这是我的经验。做人，只要尽力就好，活过半个世纪后，这是我最大的心得。我不想再那么在乎别人的评语了。

经过这样来来回回的自我对话，道理越说越清楚。在这当中，让我拥抱了“害怕不够好”的自己，并与“不完美的自己”进行和解。

然而，就在我跟自己和解的此刻，我突然想起某位朋友讲过的话：“是啊，我很臭屁，臭屁有什么不好吗？”（这是我上一本书里的故事。）然后，我笑了，开怀地笑了。

在微微的笑意里，我也跟自己说：“是啊，我是自恋，自恋有什么不好吗？”

谦卑的修炼

我谦卑，是因为：我承认，我也不完美。
我跟大家都一样，不完美。

每一个当下，都在帮助我们看见自己。我所谓的修行，就是在每一个当下的自我觉知与看见。

有一天，工作坊的下课期间，我坐在一间大教室的透明窗户旁，一边眺望着远方彩霞，一边喝着我的养生茶。这个坐落在山腰的教室能看到很美的景致，今天我在这里举办“内在小孩疗愈”工作坊，感觉充满能量。

突然，一个学员跑到我旁边，怯怯地说：“周老师，我发现我很难在众人面前说自己的故事，你觉得我是不是该去做个别咨询比较适合？”

当下，我立即回答她：“如果你觉得个别咨询比较适合你，就去试试看吧。”

说完，她“哦”了一声，走了。

然后，我马上觉察到：我怎么回答得这么简单、粗糙、直截了当？我给的建议，真的适合她吗？

或许，她不是真的想要我给她建议，她只是想表达目前在众人面前说故事对她而言其实是困难的而已，不是吗？我一边反思，一边对自己刚刚过于简单的回应感到小小羞愧。

对，我的回应太快了。其实我可以多一点同理、多一点问话，去理解她到底想说什么。

接着，我去审视自己刚刚为何会如此响应。喔，其实是因为，此刻的我只想要安静地一个人好好休息，不想被打扰，所以我想赶快打发她吧。原来我想先照顾自己。

照顾自己无可厚非，其实我可以跟她说："我可以等上课时再回答你这个问题吗？"而不是想赶快打发她走。我反省着。

这种直接"给答案"的回答方式，就是一般典型的专家响应模式，这不是叙事的模式。叙事里，我们不做这种直接回应，因为直接给答案是有风险的："你确定你给的答案，是适合对方的吗？"

同时当我们直接给答案时，也在表达一件事："我一定懂你！"这是真的吗？

人常不自觉地好为人师，我也经常如此。刚刚就是，都还没搞清楚状况，就直接给答案。

叙事里的聆听，尽量请你"不分析、不批评、不论断、不指导、不建议"是有原因的，因为这些都是专家的模式。叙事里，我们不再当别人的专家，我们让当事者自己当自己生命的专家，因此，我们只要聆听、只要会问话就好。

“与其给一个好答案，不如给一个好问题。”这是叙事的理念，也是我的实践经验。

想想，这几年学叙事、做叙事，其实也是在修炼自己的狂妄自大。这些年，在生命面前，如果让我可以有多一点的温柔、多一点的谦卑，那真的要归功于“叙事”的实践。

这又让我想起前几天有人批评我自恋那件事，嗯，在别人的批判里，我看见了一面镜子，在别人的自大里，我也看见了以前自大的自己（羞愧）。镜子里的他，通常也是我。

现在的我，虽然不再像以前那样直接去批评别人、给人建议，但有时，在我说话的自信里，偶尔也会隐藏着“见识到我的聪明了吧”的骄傲信息，不是吗？唉，谦卑的修炼，真不容易啊。

早上在脸书上看到一篇文章分享某位灵性大师的话，大意如下：“当我们说话时，潜意识里如果带着想要炫耀自己聪明才智的意念，那么，你的话语不但帮不了他人，反而只会叫人觉得被贬抑，甚至感到厌烦而已。”当头棒喝，真是好提醒。

谦卑是一种修行，它也是一种力量。

这几年我就在修炼这个功课，学习如何能谦卑柔和地说话。我发现，不管是有修为的灵性者或是我喜欢的导演李安，这些受欢迎的人，他们都是这样说话的。

我谦卑，是因为：我承认，我也不完美。我跟大家都一样，不完美。

后来我才明白，为什么有些人一天到晚老是想给别人建议，想要去批判、教导别人。其实那是一种“投射”。当一个人内心充满了批判，与其说他在批判他人，不如说是在批判自己。他给别人建议，其实也是在给自己建议。很多事我们自己做不到，就想把希望寄托在别人身上，期待他人可以做到。传统家庭里，父母对孩子的期待、要求特别多，大概就是如此。

这几年通过说故事，除了认回自己的过去与不完美，渐渐地，我也在接纳自己：“对，我就是这样。”如此的自我接纳，让我的心变得柔和许多，也渐渐对别人的“不能”，产生更多包容与悲悯。因为我们都一样：不完美。

因为慈悲，所以懂得。于是逐渐明白，谦卑的背后是一种爱，爱就是疗愈的力量。

现在，除非等别人开口，要不然我不会轻易去给别人答案或教别人什么。同时，即使是我开口说话了，我也会留意自己内心的意念，尽量不去夸耀自己。这是一种平等心的实践。我们真的没有权利去教别人什么，因为，我们都不完美，都是无知的。

叙事里的助人者，就是站在这样一个“不知道”的立场，去聆听生命故事的。因为不知道，于是心里才能给出一个“空间”，让我们愿意好好聆听，愿意多去问话。不知道，就是一种“放空”。“真空妙有”，所言甚是。“不知道”，展现了一种谦卑的生命态度。

真的不要随意去批判别人的生命（故事），尤其当你还不了解其脉络时。任谁都没有权利在别人生命的天空里指指点点，不是吗?

面对生命，我们只能理解、谦卑、好奇、欣赏。如此而已。

但光是如此，就很不简单了。

看见自己想当好人的背后

当我可以认回那个需要被肯定的自己时，
他就不用躲藏在潜意识的黑盒子里，
继续玩花招，继续为了得到别人的认同与肯定，
假装当“好人”了。

别看我平时一派轻松无所谓的模样，其实我是一个想要完美、追求完美的人。最近，我更发现：其实我一直想当好人。

喝着有机红茶，我一边承认自己想当好人，一边回想自己想当好人的源头。

是的，过去的我经常在当好人：我待人和善，乐于助人。这样的好人，并没什么不好，只是，如果潜意识里还掺杂了别的动机，那这个“好”就被打折扣了。

我会有这样的反思，当然是有故事，且听我慢慢道来。

上一本书里我写过，这十年来我开了许多叙事工作坊、私塾[1]，很多实务工作者、未来想当助人者的年轻人很想参加我的工作坊，但有些学生会给我写信，说他没钱，我通常二话不说，就让他来参加，不是免费就是给予很低很低的折扣再分期付款。我

1 私塾：笔者开办的通过故事叙说进行自我疗愈的长期课程。

书上说：我是做教育工作的，对于真的想学东西的年轻朋友，我乐于相助。

好，这个故事其实是有下文的，上一本书还来不及说。

后来，当大家知道我是一个很nice的人以后，有越来越多的人，会用暗示的方式，跟我说他没钱，或许也期待可以得到免费上课的机会。好心的我，当然不忍心拒绝，我给了，却发现：有些人会因此感恩珍惜，但也有些人当作理所当然，不懂珍惜。这种人不是上课不认真，就是经常迟到，还有更过分的是上了几次后，就干脆不来了。这样的学生真叫人伤心，我感觉自己的善良被利用、被糟蹋了。

于是，我开始认真反思：我的善良、大方、免费的背后，“真正动机”是什么？

好，诚实地说，这也是“投射”。

因为年轻时家庭经济状况不好，大学的我都是靠自己打工赚取学费，生活很节俭，所以我很快地去同情这些学生，希望他们不要因为来上课就节衣缩食。这就是我想当好人的原因之一。通过资助别人，其实是“投射”想资助过去那个资源匮乏的自己。

只有这样吗？

不。除了我的善良之外，我发现，我还想通过“给出去”，来表示我是“有能力的”，这是一种自我肯定，不是吗？天哪，怎么会这样？

更要命的是，底层还有另一个我，他希望被别人感激。通过

“给”，别人感激我，于是就更彰显出我的重要性与价值了，不是吗？我得诚实去看见这些潜藏于内在的心理“模式”，不管比例高或低，只要是有，通通认回来。

“这个心理模式哪里来的呢？”坐在自家的露台花园里，看着花，我问着自己，答案马上揭晓。是的，这个模式来自我的母亲。

某些记忆立刻跳了出来。

从小家里有个佛堂，母亲当堂主，这让她很威风。记得小时候初一、十五拜佛时，家里总是人满为患，来参拜的人都会带来许多好吃的食物，当然这些食物得先上供桌，佛祖先吃。拜完后，母亲就开始打包，让所有的人带回去。家里的孩子，永远吃不到新鲜的食物。

母亲其实是很愿意给予的人，跟我一样。在别人眼里，她是一个乐善好施的好人，而母亲也十分享受当这样的好人，那些掌声与赞美对于一个缺乏自信与肯定的人来说，实在太重要了。

是的，母亲绝对是一个好人，但在孩子眼里，她绝对不是一个好母亲。

她永远看不到孩子的需要与缺乏。我们的需要永远被排在她“需要当好人”的需要后面。

突然明了：

原来，我乐善好施的本能来自母亲。懂了！

原来，我在复制我母亲“当好人”的模式。惊人！

原来，我帮助别人，骨子里其实是想要得到赞美与肯定。够了！

原来，我想当好人背后是如此“不单纯”。觉醒！

如此看见，叫我大吃一惊。

然后，我更进一步反思：“我轻易给人免费上课，这真的是在助人吗？”我发现事实绝非如此，有时反而是害人。怎么说呢？

如我前面所言，有些人得到资助后，反而不珍惜，不认真上课。这绝对可以理解，因为他根本没有付出代价嘛。

这让我想起自己年轻时，靠自己努力赚钱，然后付出代价去学习上课的经验。那时，我刚毕业在工作，因为对心理学深深着迷，于是到处去上心理工作坊。我算过，那时我花在外面上课的钱，每年至少十万台币。而当时我一个月薪水才三万多台币，却愿意花钱到处去上课，可见背后的学习动机有多强。动机强，加上我是付出代价的，当然格外珍惜，于是收获也特别多。节省的我，愿意付钱去上这些课，这是一种选择，选择的背后是一种价值，因为我相信：这件事是重要的。因为重要，所以会好好珍惜。

然而更令人气结的是：后来发现，那些我让他们免费来上课的学生，其实没那么穷。他们经常去吃大餐，每个星期还会去看电影（首轮上映的哦）。在我是穷学生时，就算有很多想看的电影，我还是会忍住欲望，忍耐两个月，等到第二轮戏院上映时再去看。

然后，我又想到，即使他真的是穷学生，我让他免费上课，这样对他真的好吗？我会不会剥夺了他体验“匮乏”的好机会？

这还是跟我自己的经验有关。从小家里经济条件不好，我经常体验到匮乏。但也因为这样的匮乏，让我长出“自食其力”的本事，我很早就知道：我要为自己的生活与需要负责。我要念书、我想学心理专业，那我就得去打工赚钱，自给自足，这件事我是靠自己办到的，这让我活得很有尊严。

读大学时，我去当家教打工赚钱，没跟家里拿一毛钱，甚至每个月还可以拿钱回家。现在回想起来，并不觉得辛苦，反而觉得那是一种生命历练。我真的以“能在困境中生存、并不放弃自己梦想”的自己为荣。

贫穷并没有打败我，反而叫我长出自食其力的生存能力。匮乏，让我对自己拥有的感到珍惜，对别人的给予能够感恩。我在想，我绝对不可能当一个“啃老族”，因为没人让我靠，我也没有老本可以啃，一切都得靠自己这双手去挣。这就是穷困与匮乏带给我的恩典。

于是，我在想，如果我轻易就给一个年轻人免费上课，这样会不会剥夺他“自食其力”的能力？会不会让他失去尊严？我开始认真反省这件事。

如果我给别人免费上课的背后动机，存着一丝想要“当好人”的成分（即便是不多，但只要有，就得承认），那这件好事的焦点，就模糊了。想到这里，我不禁打个哆嗦。

这让我想起“放生”这件事。

有些人为了表现自己的善良、想要做功德，于是买了动物（鸟、鱼等）到处放生，表面上好像是在做善事，其实根本是严重破坏生态平衡的恶事。无知，让人干了傻事，却还沾沾自喜，很多人不都是如此？如今，我又何尝不是？（突然脸红羞愧起来。）

有了这样的反思以后，现在我改变方式了。

后来，当有学生告诉我，他真的很想学叙事，但经济不宽裕时，我不再免费了，我会给予他某种程度的优惠折扣，然后，再按照他的经济能力让他分期付款。不然，我就找他来当我的行政助理，请他帮我处理行政事务来抵学费。这样的方式，会叫一个人更有尊严，因为他不是被施舍的，他是靠自己的付出来获得他想要的东西。如此，他才会更加珍惜上课的机会，不是吗？这才是教育。

这么好的方法，以前怎么没想到呢？我有点懊恼。

因为，我在投射，我想当好人嘛。我的心如是回答。

当我们缺乏反思，不去辨识自己每个决定与行动背后真正的动机时，就会被潜意识的东西给蒙蔽了。

当我开始问自己一个好问题（“为什么我要当好人？”），接着一连串深刻、惊人的答案，让我看见了隐藏在某个深处的我。那个我，其实是想被肯定、被认同、被喜欢的。从事心理工作二十多年，我还以为我已经脱离了这些束缚，我以为我已经够自信到不需要别人的肯定了，其实不然，原来那个需要被肯定的我，依旧在。真要命，我认了。

当我可以认回那个需要被肯定的自己时，他就不用躲在潜意识的黑盒子里，继续玩花招，继续为了得到别人的认同与肯定，假装当“好人”了。看见，于是解脱，人就自由了。

认回自己的独特性

每个人都有他的独特性。
这个独特性，应该被理解、被尊重。
此刻，我得学习尊重自己对独处、对空间需求的独特性。

说到我想当好人的“模式”，其实处处可见。在一次静坐里，我又觉察到一个典型的例子。

话说2012年我在台中买了一套房子，想作为自己身心安顿的栖身之所。我花了不少钱装潢整理得很舒适，每个来到新家的朋友，无不赞叹。我尤其得意我的空中花园，不大的露台铺上南方松，然后种了各式盛开的美丽盆栽，像小雏菊、牵牛花、大理花、圣诞红、郁金香等，还有大大绿叶的姑婆芋、山苏等，使露台花园变得绿意盎然。早上，我都在空中花园里享用早餐，赏着花、看着蝴蝶在花间飞舞，喔，那一刻的名字就叫作幸福。

我的房子有宽敞的客厅，全部都铺上了高级的柚木地板，高雅明亮。回台中时，我会每天擦地板，我把它当作运动，也是修行（清理外在，同时也是清理内在）。每当把地板擦拭得亮晶晶时，心里好舒畅。有一次，我擦地板擦到一半，竟然就坐在地板上，望着门外的露台花园发起呆来。那一刻，心好平静。

在这样的环境里让我开始觉得，生活是一件很有趣的事，也让我常想要回台中（我大部分时间住在台北）。

一月初，一位朋友想到台中工作、找房子，后来进一步又得知他想从南部搬上来的原因是想在新的一年里让自己的人生有个全新的样貌与发展。他有一个新计划必须进行，但他知道，如果不离开他的家、离开他的母亲（他们一直住在一起，彼此关系很纠缠），他的计划永远不可能实现。

听完他的故事，我完全可以理解并同理他的心情。然后，不知怎么了，我很想帮他，助他一臂之力。（你看，我又在投射了。）

我心想：反正我也不常回台中，家里有三个房间，一间客房可以给他住。我马上邀他来我家，他看了很喜欢，我知道他不是很富裕，所以租金算得很便宜，心想反正有人帮我看家，顺便照顾我的花草也不错，这是双赢。

有了栖身之所，他很快搬进来了。

我很希望他可以住得开心，我家这个有能量的环境，绝对可以帮助他安静沉淀，我有自信。但房子的能量是需要靠每天清理维持的，所以我也期待他可以好好照顾我的房子、我的花。然后，出门前我交代了许多事项（例如至少三天擦一次地板、每天浇花等），才放心地回台北。

下一次，当我再回台中时，已经是两个星期以后。

一回到家，他很用心地准备晚餐迎接我，我很开心。但是接着，我开始感觉不妙了。

是的，我发现地板没有擦干净，我的一盆紫色瓜叶菊花也枯了。怎么会这样？

我当然没敢责备他，只是温和地了解情况。他说花是因为阳光太烈晒伤的。啊，睁眼说瞎话，前阳台太阳根本照不进来呀。然后，我又摸摸其他盆栽，发现土几乎是干的。好，我明白了。

我知道我对清洁的要求很高，你要说我有洁癖，我也同意。我当然知道，每个人对整洁的习惯与期待是不一样的，这件事是要求不来的。我真的愿意相信，他尽力了。因此清洁这件事，我只能自己来，不再有期待。

清洁的事我还可以忍耐，但后来我发现有一点是我无法忍耐的。

那一晚，晚餐后当我与他同坐在客厅餐桌，他上网，我阅读，然后我发现，有一个人在旁边晃来晃去又发出声音的情况下，我几乎完全无法安静下来看我的书。

隔天醒来，当我发现这房子不是只有我一个人时，我起床后，得规规矩矩地把衣服穿好，要是平常，我会直接穿着睡衣内裤去上洗手间。

在自己的家，我却变得拘谨、不自在，这不是我要的。当然，我也知道，这是我的问题，绝对不是他的问题。

我一直知道，自己是一个需要独处的人，只是我不知道，我对独立空间的需求竟然这么大。这是我的问题，没错。

所谓问题，当然也不是真的“问题”，应该说是我的“独特性”。每个人都有他的独特性，这个独特性，应该被理解、被尊重。此刻，我得学习尊重自己对独处、对空间需求的独特性。

一起住了几天后，当我再离开要回台北前，我鼓起勇气，很不好意思地跟他开口，说我对独立空间的需求很大，希望他可以住到下个月就好。还好他是个明理的人，十分理解，也愿意配合。当下，我马上大大松了一口气。

就在早上的静坐里，我又想起这件事。从这件事里，我不但看见自己想当好人的模式“再现”，我更看见：想当好人的背后，其实是我的“投射”。当我知道他想离家，其实是想要离开权威母亲的控制时，自然就会让我想起我的母亲，所以我完全可以“同理”他，知道他离家这件事对他的意义。

你看，每一个行动背后的动机，果然都不单纯。

当我看见了自己背后的动机，再看见自己的独特性以后，我很想跟自己说：“志建，你真的不需要再那么nice了，好吗？”是的，我得学习先照顾自己的需要与独特性，这才是真正的爱自己。

认回我的孤独与爱自由

如果你不是为了迎合他人而改变自己，
如果你也不是为了满足自己而改变他人，
你是孤独的，
但你也将因此自由。
——扎西拉姆·多多

上一篇文章，叫我认回我需要“独立空间”的独特性，其实，我的独特性不只如此，唉，我真是一个不完美的人，我有很多“怪癖”，例如：我很怕吵。

每次搭乘高铁，我总是选择坐后面的自由座，不管我买的票是否是标准车厢，我一定跑去坐自由座。因为我无法忍受邻座有人一直打电话，或一直聊天讲个不停，我心里常在抱怨：“喔，我对你的家务事可一点兴趣都没有，请你们不要讲给我听好吗？”我只想安静。每当座位附近有人打电话、聊天或有小孩上车（小孩通常很吵），我二话不说，马上换座位，坐自由座车厢就是有这个好处。

这就是我，怕吵、要安静。

你说我有“静癖”，我也承认。对，我不只有洁癖，还有安静癖。

这份“静癖”，可能遗传自我父亲，父亲也是一个要安静的人，他很怕吵。

当然也有后天环境的影响，从小我就是一个孤独的孩子。前面提过，小时候的我经常一个人在家，不是坐在田埂边发呆一整天，就是在龙眼树下一个人玩着树枝，跟风讲话。从小，我就很安静，少说话。

这份孤独不管是天生气质或后天养成，反正这就是我，我得认回它。

因为这样孤独的气质，让我喜欢独处，也很享受一个人的时光。

我经常一个人去看电影、去旅行，这对我来说是很稀松平常的事。当朋友听到我说经常一个人去做这些事时，十分惊讶，她说她一定要有人陪才会去看电影、去旅行。

有一天，读到一本书，书的作者扎西拉姆·多多说：“我选择了孤独，于是我自由了。”她讲到重点了。对，其实我是一个要自由的人。

我喜欢坐自由座，因为这样我可以“自由”地换座位，不被干扰。

我选择当一个“自由”心理工作者，因为我不想被学校的体制给捆绑、牵绊。

我的房子不想分租给朋友，我要独享，因为我希望回到家时，我可以全然地放松，自由自在享受一个人的自由。

我喜欢自己一个人去旅行，因为这样就可以不需要去配合他人，喜欢的地方，就多待一会儿，待腻了，想走就走，不必等人，毫无负担。

我不想生孩子，因为这样我只要为我自己的人生负责就好，我不需要去背负别人的生命。

还好我没有孩子，我很怕小孩子，因为孩子通常很吵。我甚至承认：我不喜欢小孩子。小孩子对我来说简直就是恶魔，我受不了小孩的尖叫声，那声音会令我抓狂。唉，这就是我的独特性，我认了。

小孩既是天使，也是魔鬼，相信所有的父母都同意这句话。我真的很佩服许多父母的耐心，我很清楚我办不到，我对小孩非常没耐心。

有一次朋友找我帮她带小孩，我立刻一口回绝，我跟她说："什么忙都可以帮，带小孩免谈。"对于自己这个"限制"与不完美，我不只接受，还"欣然"接受。

一旦接受了自己的限制，我就不用再假装当好人。于是，我也不需要为了满足别人而委屈自己。

如果不尊重自己的独特性，人就会把生活搞得很累，渐渐地，你会不快乐，并讨厌自己。但要学会尊重自己的独特性，可不容易呀，这件事，我可是花了十年才学会的。

如果不是通过叙事与灵性的修炼，让自己不断地说故事，不断地把每一个自己给认回来，我是无法如此真实地接受自己，并认回自己所有独特性的。

如今，当我认回了自己的独特性与不完美，于是我自由了，如此，也让我比以前自在快乐许多。

“活着，快乐比完美更重要。”这是好话，我完全同意（这句话来自布芮尼·布朗教授的《不完美的礼物》一书）。未来的生活，我也将“比照办理”。

拥抱不完美，活出真实的自我，我想，再也没有比这更重要的事了。

第二章

认回不完美的母亲

唯有认回自己不完美的母亲
我才得以重新拥抱
真实的母亲

是的，我有一个不完美的母亲

我们若排斥痛苦，只会找到更多痛苦。
但如果拥抱内在的一切，无惧地凝视阴影，
我们就会遇见光明。

——《破碎重生》

勇于真实

请相信我，如果可以，我多么希望给你另一个版本：有关于我母亲的故事，就像教科书写的那样，“母慈子孝”、一家恩爱和乐的标准版本。真的，如果可以的话，我也多么渴望，我可以有这种“模范”的家庭版本。但可惜，不是。

这不是我的家庭，我不想说谎。

在我的博士论文里，说着长长的故事，每次说到自己有一个脾气暴烈的母亲时，心里总还会揪一下。那种痛，依旧在，不得不承认。

所有故事的疗愈，都是来自真实。当人可以真实地面对自己，不用假装完美时，你就自由了。当人可以拥抱真实而不完美的自己时，那个“我”就不再分裂，于是完整了。

你听过这句话吗？“真实的不完美”比起“不真实的完美”更加美丽。我同意。但头脑知道，却不一定能做到；我们就是没办法接受自己不完美，因为，我们的主流文化（价值）要你完美，不完美是羞耻。因此，要承认自己有一个不完美的母亲、不完美的人生，简直比登天还难。不信，我说个故事给你听。

我始终记得，当年论文初试时，我写的第一个版本的母亲故事里，一不小心轻轻透露了我对母亲的怨恨、批判，当时一位评委，在答辩会场中就一直皱着眉头，一副不以为然的样子。那张脸仿佛在说：“你怎么可以这样说自己的母亲？”

那个表情，叫人难忘，也叫我很受伤。别忘了，她是有权力的人，她让我觉得：我说错话了，我不该如此说自己的母亲。“天下无不是的父母”，不是吗？（够了！）

后来，我很勇敢地跑去跟那位评委说，她那样的表情，叫我很受伤。我想让她知道，能写出这样的故事，其实已经很不容易了。对待故事，得多一点儿宽容。

可惜，她无法理解。她接不住，拒绝承认。

“你真的这样想吗？”她否认了对我的批判（可能她自己也不自觉吧）。但受伤的是我，我得诚实面对自己的感觉。至少，她没有同理我。

当然，或许她也不认为她需要同理我。很久之后，她告诉我：这是答辩，这不是做咨询，要我搞清楚。好，我明白了。原来“同理”这件事对她而言，只是个技术、技巧，那是咨询室里的东西，我不是个案，不适用。原来如此。

后来，那位教授好意给我看她以前写的故事，大概是想要“教”我如何说故事吧。这点，我十分感激。

当我看完她的故事之后，我终于明白了那个表情。

原来，那位女教授的成长历程也颇艰辛，如今，她不但为人母，而且很幸运，她拥有一位好母亲，那位母亲在她艰辛的成长岁月里，包容她、关怀她。而且，她的母亲跟我的母亲一样，都是生长在物质缺乏、重男轻女的大环境里，那个年代的女人，都过得很辛苦，因此，她可以十分同理我的母亲。但可惜，她无法同理我。

她忘了：她的母亲跟我的母亲，是不一样的。

这个经验叫我学习到：聆听故事，除非你自身有类似经验，否则你很难完全同理他人的。除非自己体验过那种痛，否则你永远无法“抵达”他人的苦。

虽然当时的经验叫我受伤，但这个经验是重要的，它带给我极大的启发。后来我经常提醒自己：聆听故事时，请谦卑、慈悲一点，不要太自大、自以为是，以为我懂了对方，尤其当案主的故事在我的经验之外时。我想，这就是为什么叙事治疗师要站在一个“不知道”（not-knowing）的立场去聆听故事的原因吧。礼敬生命，本当如此。

后来，我“选择”原谅她了。

我愿意接受她的“限制”，犹如我知道我也有我的限制一样。我们都不完美。我想，当时她只是想尽责地告诉我，故事要有脉络性的理解，我必须进入我母亲生长环境的社会文化脉络里去理解母亲、同理母亲，不能光埋怨、批评。她只是要帮助我的论文“前进”而已。（后来我越来越讨厌“前进”这两个字。你何德何能，要帮人前进？如果无法“同在”，你是无法帮人前进的。）

好吧，感谢指教。

说故事是有阶段性的

呵呵，做叙事十多年，难道我不懂这个“道理”吗？

叙事实践这十多年的经验，让我深切体悟到：说故事这件事，绝不是一蹴而就。说故事需要有一个历程，它是有阶段性、层次性的。

但这个“体验”，在学术界里当教授当太久的人，恐怕无法理解。

不管是我或我的学生，这几年我们都体验到一件事：在说故事前，心里得经历多么巨大的抗拒与挣扎，你知道吗？我们得走过一段内心的煎熬之后，故事才有办法从嘴巴里走出来。光要冲破“家丑不可外扬”这种文化的禁锢，就要花上很大力气，请相信我。

说故事就是面对自己、对自己诚实，但面对自己是需要时间、需要勇气的。在我的私塾里，有些人半年后依然无法说出口，“但没关系，真的没关系，请有耐心，不要批判自己”，我都会跟学员这么说。说故事，不是“挤牙膏”，是无法强迫的。

即使好不容易把故事说出来了，请你也别指望说者马上可以有脉络性地叙说与理解。如果有，那也是假的，那是头脑的东西，一点都不真实。故事的理解，没那么容易，故事就是生命，生命是复杂的、有血有肉的，里面充满情绪是正常的，故事的第一要素就是真实。真实的故事，才会感人。

说故事的第一阶段，其实就是“实话实说”。

先把内心真正的想法、感受，通通真实地“掏”出来，不过滤、不编辑、不否认、不回避。真情流露，不要隐瞒，即使是怨恨、批判都可以。如此，我们才能让情绪有出口。情绪不通，你根本无法做到疗愈。先认了自己的情绪，是故事疗愈的第一步，也是最重要的一步。私塾里我教大家做“自由书写”，目的就在这里。

在自由书写里，不管是愤怒、悲伤、难过等任何情绪都没关系，请你通通认回来。尽管，这里面的情绪或想法很多都是非理性的，也是可以的。如此，你才有机会去面对它，理解它，如此也才能放下它。情绪过不去，理性就出不来。当你把情绪写出来，放在纸上让自己看见时，这时你跟情绪就产生某种“距离”（这叫“位移”），让你可以去“观照”它，这就是自由书写时带出神奇疗愈的道理。

如此，说故事便走到了第二阶段：“回观”。

当情绪倒出来之后，于是有一个“理性的我”渐渐冒出来，去看见自己，重新理解事情到底是怎么一回事。当中，我们开始认识自己，也同理自己。

在说故事的“回观”里，让我们对经验得以“再经验”，那是一种对生命的“凝视”，当中我们也在“反刍”生命。在咀嚼故事中，我们不只体验到情绪，更会看见情绪底下，隐藏着我们的孤单、内心的渴望、没有被满足的需要，甚至过往的创伤。这样的深层看见，让我们贴近了自己，同时也疗愈了自己。

在故事的反复叙说里，“原来的我”渐渐松动，取而代之的是“多元的我”。当说者对自己可以产生不同的观点与诠释时，“情绪的我”渐渐消融，像冰块融化一般，于是人就松了。

此时，我才会邀约说故事者进一步“加入”社会文化的观点，去说自己父母的故事，去看看他们的行为与苦难的背后，跟当时所处的社会文化、主流价值有什么关系。故事走到这里就进入了第三阶段，称之为“解构”。

在我的经验里，故事要走到这个阶段前，说者必须某种程度地“释放”了内在受伤情绪，才能够回到理性上去做脉络性的理解。否则，太快的解构都是头脑的运作，那是假的，如此并无助于人从内在的怨恨与伤痛里走出来。

很多教授不明了这个历程，往往第一个阶段都还没走完，就急着要学生往第三个阶段里去“看见”。我真想告诉他们，说故事不是这样的。说故事不是靠理性认知，更不是靠理论，说故事是一种“此时此刻”、你跟自己生命死缠烂打的“肉搏战”。

（说过自己故事的人，一定知道我在说什么。）

怪不得很多研究生在学校写论文、说自己的故事时，经常会感到受伤。因为说了故事，别人无法同理，却还一味地要你“前进、前进，再写深一点”。难道是我故意要写浅的吗？相信我，没有人故意要把故事写浅的。说故事，有一个很复杂、挣扎的心路历程。唉，懂这道理的教授，还真不多。因此，说故事时，你的陪伴者（聆听者）真的很重要。

再提旧事，不是要去怪那位教授，我只是想把说故事的“历程”说个明白，并分享给未来想写故事的朋友。它不一定是真理，但至少，我自己说故事的经验如此。这也是我这些年在私塾里帮助很多人说故事、自我疗愈的宝贵经验。

对待故事，我们真的得多一点慈悲、多一点宽容，不然，故事出不来，而且人可能会被二度伤害。

切记，故事就是生命。说故事这件事，真的很不容易，不信的话，你来说说看。

认回不完美的母亲

说故事，是疗伤止痛的良方。
要让故事结束，
最好的方法就是：说故事。

在母亲节前夕，写这样一篇文章，是在讨骂吗？（这部分内容是母亲节前夕写的。）

且慢开骂，请耐心看完再说。

每年的母亲节，在一片歌功颂德中，做子女的，总要配合演出，请母亲上馆子吃饭、买花、买礼物、切蛋糕，在一片欢庆声中，有多少人是真心开心想庆祝的？又有多少人只是在“尽义务”？

如同不是每个人都喜欢过情人节一样，也不是每个人都喜欢过母亲节。你要知道，对有些人而言，过这个节日是多么残忍的一件事。

有好情人的人，才会想过情人节；同样，要有一个好母亲，才会想过母亲节，不是吗？

这几年，在课程里帮助许多人做内在小孩疗愈的工作，我实在感触良多。

很多参加私塾或工作坊的成员都是中年妇女，她们大都有自己的孩子，虽然已为人母，可一旦说起自己的父母、自己的童年经历时，她们依旧泪流满面。这些事情，虽然早已经过去，但是，心里有个“东西”（伤）就是过不去，不管你活到几岁。

课程让这些中年妇女有机会去说说自己的“童年往事”，把自己内在受伤的小孩找回来，好好疼惜一番。说故事，是疗伤止痛的良方。要让故事结束，最好的方法就是：说故事。这是我多年来的经验。

不然的话，那个伤会成为一道永恒的阴影，跟你一辈子，就算你以后事业再成功，日子过得再美满，你都永远无法去享受那份幸福的“果实”。我的很多个案，都是如此。请相信我。

有一年母亲节，私塾里一位中年妇女一谈起童年就哭。她说她自从念大学离家以后，就不曾回过家。直到出嫁、生了孩子，那个家，还是回不去（心里有个结，就是不想回去）。每次母亲打电话来，要她回家吃饭，她总是推托说很忙。无法回到那个家，长期跟家产生断裂，这件事本身已经够叫她痛苦了，但是，内心还有个声音不断地在谴责自己，对，“不孝”——那个批判的声音，其实更叫人难受。

离家，是为了保护自己

如果你听过这位妇女的故事，自然就会明白为什么她不想回家了。

她出生在一个重男轻女的家庭，在父母的眼里，她可有可无，有如空气般，经常被忽略。爸妈眼里只有哥哥弟弟，不管她再怎么努力、再认真念书、把所有的家事做得尽善尽美，还是得不到父母青睐。然而，只要弟弟一犯错，被打的一定是她，不是弟弟，理由是："你没把弟弟带好。"

从小，她就是一个被严重物化、被虐待长大的孩子，身心都受伤，很痛。

当她长大，念到大学，终于可以靠当家教自食其力时，她毅然决然地离开那个伤害她、叫她伤心的家。"够了"，她的心经常如此大声怒吼着。这声"够了"，好有力量。

离开家，就没事了吗？

不，所有的孩子，永远都在期待父母的"认同"。这是一个"魔咒"，解不开的。

离家，其实是为了保护自己，为了疗伤。

因此，纵使离家，十几年来她一个人过得也很辛苦，一边念书、一边工作，大学毕业后，认识一个男人，结婚、生子，几年后，却遭逢先生外遇，最后痛苦地离婚。这些事，都是她独自承担、面对。她是一个坚强的女子，她不得不坚强，因为没有靠山。一个人勇敢地带着两个孩子生活，她告诉自己：我要努力活下去。

私塾里，说着自己的故事，她边说边哭（眼泪是最好的治疗），于是让她有机会去疗愈自己内心的旧痛与新伤（一个来自父母、一个来自丈夫），并去拥抱那个受伤的内在小孩。

聆听她的故事，叫人心疼。那一天，很多妇女都跟着她一起流泪。

我跟她说，我很佩服她当年离家的勇气，那是她“保护自己”的方式。这个新的诠释，让她对自己有了新的看见，于是安心不少。

离家，是需要勇气的，也需要力量。如果没有这份力量，她一个女人是不可能在外面打拼讨生活的，不是吗?

她不想回家，是因为那个内在小孩还是很痛，她还没有办法原谅她的父母，这是可以理解的。于是，我请她先接受自己目前还不能原谅父母这个事实。

自责、罪恶感绝对会把我们的能量给“拉下去”，然后卡住自己。我们必须先“原谅自己不能原谅”。一切的宽恕，都得先由我们宽恕自己开始，我经常这么说。我们得先宽恕自己，才能宽恕他人。这是疗愈的真理。

离家，是为了回家

还好，她听进去了。两个月后，她的故事“重写”了。

在一次私塾课上，她告诉大家，上周日她带着孩子回家了。母亲煮了一桌的好菜请她吃，第一次，她感受到母亲对她的善意。（大家听得目瞪口呆。）

她说：“很奇怪，当我开始允许自己就是做不到宽恕、原谅父母时，心里有个东西，反而松了。”

经过在私塾里说故事、流泪，她内在渐渐长出力量，心也变得柔软许多。现在，她渐渐可以理解父母对她的“虐待”，原来这与他们本身的成长历程、原生家庭、主流价值文化有关，并不是她不好、不乖。

然后，那一年的母亲节前夕，母亲突然打电话来邀她回家吃饭，这一次她答应了，不再抗拒推诿，心甘情愿地带孩子一起“回家”。

对，她说她不只是带自己的小孩回去，更是带着她内在受伤的小孩一起“回家”。

20年后，她再度回到自己的家。神奇的是，这次的母亲也不一样了。不只煮了一桌子好菜款待她，还嘘寒问暖。第一次，母亲终于扮演了“好母亲”的角色，抚慰了她的内在小孩。大家被这故事感动到红了眼眶。

离家，其实是为了“回家”。

然而，不是每个人都可以“再”回家的。因为，你不能指望你的父母会改变。这位妇女是幸运的，她终于回了家。但这条回家的路是漫长的、辛苦的，她走了20年。我常常以为：当一个人开始愿意照顾自己的内在小孩时，他其实就已经踏上了回家的路。

我经常被问到：如果父母不改变，怎么办?

没办法的，我们只能接受。如果你指望别人改变，那伤痛永远无解。一切疗愈，由我开始。

没关系，我们就扮演自己“内在小孩”的好父母吧，好好聆听他、照顾他、疼惜他，如此，你就已经带他“回家”了。这是我的经验，也是我帮助个案的方法。

父母有两种

父母有很多种，你知道吗？

我想，大部分父母都是“滋养型”的父母。他们也会犯错、不一定完美，但瑕不掩瑜，没关系，重点是他们内在有着满满的爱，发自内心，愿意无条件地爱他的孩子。

如果你有这种父母，恭喜你，你上辈子有烧香（哈，我经常开玩笑这么说）。对这样的父母，孩子们自然发自内心地一辈子感念。“你给出什么，就得到什么”，这个灵性法则，我始终相信。如此，过父亲节、母亲节，才有意义。我的父亲就是属于这种“滋养型”的父母，虽然他已经过世十几年，但我们兄弟姐妹依旧深深感念他。

还有一种父母，是“剥削型”的父母。

他们把孩子当作工具、占有物，只会剥削、掌控、物化。他们给不出爱来，因为他们身上没有这样东西（我们不能给别人我们身上没有的东西，切记），这当然不能怪他们。

这样的父母，他们多数小时候也是被这样对待的（尤其是被虐待、被家暴的小孩），暴力是学习来的，他们会用过去父母对待自己的方式，复制在小孩身上。这种人的内在小孩早已经“伤痕累累”，满心的怨恨让他们不由自主地想去控制、虐待自己的孩子，他们真的不是故意的，却往往不自知。

很可惜，我的母亲就是这种“剥削型”的母亲。

“你怎么可以这样说自己的母亲？天下无不是的父母，不是吗？”

这句话最伤人了。

也因为这句话，让我们很多人的伤与痛，出不来。

无法言说、无法面对真实的自己，不敢承认自己有不完美的父母、不完美的家庭，这件事其实叫人更受伤。这也是让很多人一辈子活在痛苦深渊的原因。因为，“卡”在那个经验里，伤心，出不来。

要去面对这件事是需要极大勇气的，当然不容易。但唯有去承认并接受我的母亲“就是这样”时，我们才能开始疗愈自己的“内在小孩”，我们才能开始去当自己内在小孩的“好父母”。接受，是一切疗愈的开始。

切记，我不需要完美，但我要完整。

十多年来，反反复复地说着自己的故事，我就是在做这件事。这是一条自我疗愈之路，虽然辛苦，却是值得的。

允许与接纳，就是爱

通过书写自己的故事，也写了母亲的故事，于是我一点一滴地“认回”了我自己。

当我允许自己不要那么快原谅母亲，先诚实面对自己童年的伤、先去照顾自己内在那个伤痕累累的小孩时，内在有个东西，渐渐松了。爱与宽恕，都得从自己开始。

是的，允许与接纳，就是爱。但请你不要坐在那里等别人来接纳你、爱你，这件事，请你得先为自己做。

通过说故事，我同理了自己，于是，渐渐我也有了能力去同理我的母亲，并看见母亲背后的“伤”。是的，她也有一个受伤的灵魂。如此的同理带出悲悯之心，让我在有能量时，愿意去跟她产生联结。

这几年，我经常打电话回去跟她聊天，虽然每次说的都是同样的话：“你吃饱了没？今天吃什么？身体好不好？”等等之类肤浅问候的话语。我们之间依旧无法深谈，但我接受、接受、接受。我不想再为难她，也不想为难自己。我要放过自己。

2012年，我在台中买了房子，这是我愿意跟她产生联结的最佳证据。

现在每次回到台中，只要一有空，我就会回家陪她吃饭。有一次朋友锦敦跟我说：“感觉你跟你母亲的关系，越来越不一样了。”他对我经常回家陪母亲吃饭一事，感到十分讶异，以前的我不是这样的。

我是怎么办到的呢？

这件事是自然而然发生的，就是这样，我是不做勉强自己的事的。我想，这跟说完自己的故事、母亲的故事有关吧。一旦认回了自己不完美的母亲，反而让我可以去拥抱自己内在受伤的小孩，于是我长出了力量，这份力量叫我可以去面对自己不完美的母亲。疗愈，是从接受真实的自己开始的。

其实，母亲这几年也变得温和许多。她不再会跟我说太多负面情绪的话，就连最近我塞钱给她，她也开始会说“不用”。要是以前，是有多少拿多少，她永远嫌“不够”，就算偶尔说一下“不用”，那也是客套演戏。但现在是真的，我分辨得出来。

说完故事，认回她与我的不完美之后，渐渐地，她也越来越像一个“母亲”了。

忏悔的力量

所有的孩子，永远在等父母两句话，一句是“我爱你”，一句是“对不起，请原谅我”。我经常跟私塾伙伴这么说。

相信我，世间没有完美的父母，纵使你再爱你的孩子，一定也曾不小心伤害过孩子，是吗？如果有，二话不说，请赶快去跟你的孩子忏悔、道歉吧。只要简单的一句“对不起”，就可以为受伤的孩子带来极大的疗愈。你知道吗？孩子其实是很容易原谅父母的。

上课时，我常跟很多父母开玩笑说，如果你伤害过孩子，要不你现在就去道歉，可以马上没事；如果爱面子说不出口，那也没关系，那你就准备一笔钱，让他长大以后来找我咨询。

忏悔需要很大的勇气，没错，背后如果没有极大的“爱”做后盾，是办不到的。道歉之所以有疗愈作用，是因为里面是爱，爱就是疗愈。这个道理，相信大家都懂。

我大姐是家里被母亲伤得最重的孩子。前几年，一次事件里，大姐终于跟母亲发飙，把内心从小对她的怨恨通通说出来，那一次，很神奇地，母亲竟然跟大姐说出“对不起，请原谅我，我小时候没读书”的话。大姐等这句话，足足等了30年。

母亲的道歉，虽然不能完全抹去大姐的伤痛，但至少，让大姐开始有力量去做她想做的事（就像她开了一家优雅的咖啡厅）。然后，在每年的母亲节，她总会陪母亲去逛百货公司，买衣服给母亲。要做到这样，真的很不容易，我很佩服大姐。（这故事写在第三章里。）

母亲节前夕，很抱歉，我选择不对母亲歌功颂德，反而是去说不完美母亲的故事。我们都爱母亲，但是，我们也必须接受母亲的不完美，如此，我们才能真真实实地去拥有自己的母亲。

是的，天下“有”不是的父母，请接受吧。

唯有接受、忏悔，才能让我们跟孩子的关系更加亲近。叙事课程里，我感动于许多人有勇气、愿意开始去坦承自己有一个不完美的家庭、不完美的父母，也因为如此的接纳，我们疗愈了自己，也疗愈了长久以来断裂的亲子关系。

真的，如果你伤害过你的孩子，不管是言语上或肢体上，不管是有心或是无意，都想请你诚实面对。你真的不需要完美。

母亲节或许是一个好时机，不管你的孩子是否跟你说“我爱你”“谢谢你”，都请你一定要勇敢地对孩子说：“对不起，请原谅我，如果我曾伤害过你的话。”如此，你将疗愈孩子，而且给孩子一个最难忘、最美好的母亲节礼物。如此一来，当你接受孩子的母亲节礼物时，也才能“受之无愧”，不是吗？

反之，如果你的父母到现在还无法说出“我爱你”“对不起”这两句话，怎么办？那就接受吧，不要强求。请你，放过他们，也放过自己。

现在，你唯一可以做的，就是先好好爱自己，先跟自己的内在小孩说：“对不起，请原谅我，我爱你，谢谢你。”

当我们可以成为自己内在小孩的好父母时，疗愈一样可以发生，这是我的亲身经验。

让内心那个理想的母亲死掉

有时候，我们必须让内心那个“完美的母亲”死掉，
如此，我们才能继续在艰困的现实生活中，
让自己活下去。

如果你有一个让你辛苦的老婆（或丈夫），恭喜你，你将有机会成为一个哲学家。

这是听来的笑话。一位年轻人跑去问苏格拉底，他到底该不该结婚，他希望这位伟大的哲学家给他意见。苏格拉底当场毫不犹豫地跟他说：“你该结婚。”年轻人纳闷，问为什么，苏格拉底告诉他：“如果你幸运，娶了一个脾气好的老婆，婚姻幸福美满，你当然应该结婚，不是吗？”

“可是……”年轻人想问的是另一种结果。

不等年轻人发问，苏格拉底继续说：“如果不幸，你娶了一个脾气暴躁的老婆，那也没关系，你将可能变成一个伟大的哲学家，就像我一样，那也不错呀。”

这是一个笑话，听听就好，可别因为这样就跑去结婚。

配偶可以选择，要不要跟这个人结婚，由得你做主，但是自己的父母却是无从选择，我们是被决定的，不是吗？今生能够成为有血缘关系的家人，是幸运？或是不幸？不知道。但不管要不要，你都得接受，这是人生的功课。说完母亲的故事之后，我越来越明了这“天生注定”关系背后的意义。

认回那个不完美的母亲

如果你从小有疼爱你、包容你、对你无条件付出关怀的父母，恭喜你，你真的很幸运，请好好珍惜、感恩，然后闭嘴。请你不要去告诉别人“你应该孝顺父母”之类的话，因为不是每个人都跟你一样，如此幸运，有好的父母可以心甘情愿地去孝顺、去享受天伦之乐。

如果不幸，你的父亲（或母亲）对你冷漠、疏离、缺乏情感，无法给你爱，甚至暴力相向，那么，请别泄气，就算不能成为哲学家，你也有可能成为心理学家或治疗师，就像我一样，也不错。（哈哈）

据说，人本心理学大师马斯洛就有一个冷酷无情的母亲。小时候有一天他放学回家，发现母亲把他养的两只小猫给淹死了，小小的马斯洛伤心欲绝。不知道是不是因此，马斯洛长大以后，立志成为心理学家，并发展出无条件关怀的人本主义学派。

不只如此。美国当代著名的治疗师亚隆（Yalom），也有一个让他辛苦的母亲。在他的小说《妈妈和生命的意义》里，无处不透露着自己与母亲的纠缠，其中一段，他是这样描写母亲的：

她的性格虚荣、爱控制、爱侵犯人、多疑、恶毒、抱持强烈

偏见、极度无知（但聪明，这点我也不得不承认）。我记忆中从来没有，一次也没有，和她共度温馨时刻，我也从来不曾以她为傲，或想着我真高兴她是我的母亲。她是毒蛇派，对任何人都有刻薄的批评……

她从没来我学校参加家长日或亲师会。感谢上帝，一想到要把她介绍给我的同学，我就不禁汗毛直竖……

我童年时期最大的疑惑是，爸爸怎么能忍受得了她？

亚隆这段话简直说到我的心坎里去了。

故事是最好的同理。我很惊讶，也很高兴有人可以把我心里的话讲出来。没错，我的母亲就是这样的人。

她是一个虚荣、爱钱如命、充满偏见、爱批评的人，没有人可以跟她长期相处。现在她已经七十几岁，一人独居，我哥哥姐姐都住附近，就是没人敢接她一起住。不是我们不孝，实在是她太……太难搞了，我们得保护自己的生活。我们给她请了看护阿姨照顾她，但结果是没有一个人可以做满三个月。请相信我，她绝对有本事让跟她住在一起的人，在三个月之内痛苦地离开。

我也从来没有“我真高兴她是我的母亲”的念头。甚至，小时候当她乱发脾气、把家里搞得乌烟瘴气时，我每天都在跟上天祈祷：希望母亲可以从这个家里消失。不骗你，这是真的，我希望她“消失”。

有一次在私塾，我跟大家分享自己小时候竟有这种念头时，想不到很多人听了竟然一直点头，因为我这么说以后，大家都

“松了一口气”，原来，不是只有“我”有那种想法。

相信我，没有人愿意去诅咒自己的母亲。有这样的念头会叫人产生极大的罪恶感，我们的内心其实很冲突，没有人想当不孝子的。但这却是当年那个受伤、无助小孩内心中，最最真实的渴望。我们只希望，在家里可以过一些太平日子，但如此卑微的渴望，却比登天还难。

跟亚隆一样，我一直很感谢我的母亲没有到学校去讲我的坏话，一想到如果哪一天她会出现在学校老师和同学面前，我就毛骨悚然，我一定当场晕倒。

同时，小时候的我也经常在想：我的父亲怎么可以容忍这个女人，为什么不跟她离婚算了?

印象里，每当母亲乱发脾气时，父亲大多是安静沉默的，父亲很容忍她。如果我们顶嘴，父亲也会把我们拉到一旁，要我们忍耐。直到今天，我都不知道我父亲是怎么办到的，为什么他有如此大的能耐去包容母亲?

《圣经》里说：“爱是恒久的忍耐，又有恩慈。”讲的大概就是我父亲。

不完美的礼物

有一个叫人辛苦、不完美的母亲，叫人活得很痛苦，但或许，那也是礼物吧。

我在想，如果我没有这个“痛苦经验”，我大概很难去同理我的案主，也很难去贴近跟我一样有类似经验的学员。

“只有生命可以抵达另一个人的生命。”

这几年，不断地说着自己的故事，目的就在认回自己与疗愈自己，但我却发现，我的故事竟然也成为疗愈他人的利器与“管道”。上一篇文章，写在母亲节前夕，被我贴在脸书与博客上，一天之内就得到两百多个赞，文章被大量分享、转发，然后，一周内我突然收到很多陌生朋友的留言，他们发自内心地感谢我，说我的故事“解救”了他们。

就如同人本主义大师马斯洛一样，亚隆因为从小得不到母亲的关怀与肯定，让他后来成为一个人际取向的心理动力治疗师。或许是因为生命受过苦，他本身其实也是一位相当有人情味的人本主义治疗师。同样，如今我会成为一个叙事人文取向的心理师，这大概也要“归功”于我的母亲吧。

期待被认同的渴望，永不消失

这十多年来，反复说着我的故事、母亲的故事，让我越来越认识自己，也认识我的母亲。

当我进入母亲的成长脉络时，我才理解了她的贪婪匮乏与坏脾气。但这样的理解，不代表她内心的“洞”就可以被填满，也不代表她会有什么改变。亲爱的，别傻了。说故事只是在帮助我理解她、同理她，进而生出慈悲与爱来，好化解自己心中的怨与苦，如此而已。故事疗愈这帖药，是给自己服用的，请别拿去喂别人。期待别人改变，这绝对行不通。

在治疗别人之前，你得先治疗自己。而且，你要有心理准备，这个自我疗愈的历程，是来来回回的，它不会有一个“固定的终点”在前面等你。我们只能在每次的觉察中，一点一滴、一步一个脚印地把自己认回来。我的经验是如此，亚隆也是。

亚隆在《妈妈和生命的意义》一书里提到，有一天，他做了一个梦，梦里他在游乐园坐缆车逛鬼屋，在黑暗中他挥舞双臂、用力大喊着：“妈妈，我表现得怎么样？我表现得怎么样？”从梦中惊醒后，他赫然发现：即使母亲已经过世十多年，却依然活在他的记忆深处，一刻也没有消失。原来自己一辈子的努力，其实潜意识都是想要“证明”给母亲看，希望得到母亲的认同。于是他在书中无奈地说：

为什么到了人生的尽头我还要问：“我表现得怎么样？妈妈。”难道——这个可能性让我惊骇——我这一生的作为都是以这个可悲的妇人当作主要的观众……我一辈子都在拼命追求自由和成长，难道我根本没有逃脱我的过去和我的母亲？

没错，骨子里，我们一辈子都在追求父母的认同，这个发现，叫亚隆心惊，也感到挫折与无奈。

他说自己这二三十年的努力，已经让他成为美国赫赫有名的心理治疗师了，他所写的书，堆叠起来都可以到达他的腰部了。如此高成就的他，内在却还住了一个小男孩，他依旧还在渴望得到母亲的认同？

是的。我们不得不承认，那个内在小孩“被认同的渴望”是如此巨大、坚定不移。如同上一篇文章所写的，作为一个孩子，我们永远在期待父母的认同，这是一个“魔咒”，是解不开的。

臣服、接受：我的母亲“就是这样”

我的母亲其实是一个活得很辛苦的人。

她出生在一个重男轻女的农业社会，小学二年级开始就被迫辍学，每天担着重重的菜篮、走长长的路到市场卖菜。她生活在一个匮乏的大家庭（缺乏食物，更缺乏爱）。她每天不停地工作、被贬抑、被严重物化、被工具化，从小，心里出现一个大洞，匮乏得不得了。生存焦虑如同鬼魅般，跟了她一辈子，叫她经常感到焦虑不安、没有安全感。她是一个很不快乐的女人，不管她拥有得再多，永远都不够。心里那个洞，永远填不满。

因为这样成长的遭遇，让她无法成为一位慈祥温柔、有爱心的母亲。相反，她是一个脾气暴躁、贪婪、重视金钱、待人刻薄、爱批评的母亲。相信我，绝对没有人想要这样说自己的母亲的，要承认这件事是很痛苦的，请你明白。但这是事实，我们得诚实面对。

拜托你，请千万别跟自己（或别人）说“天下无不是的父母，你要体谅父母的辛苦……”这类高调理性的话，这对受苦的人可一点儿帮助也没有，这种话只会叫人陷入更大的痛苦与内疚中。情绪跨不过，爱就出不来，这是人性。

这几年，通过叙事与灵性的修持，我才渐渐明白，如果我要有能力同理父母，并给出宽容的爱，那么，首先我得对自己做这件事。我得先同理自己、爱自己。

“同理自己、爱自己”的意思是，我们得先疼惜自己内在那个受伤、匮乏的小孩。通过说故事，把他“认”回来，并重新养育他。

我们得先接受自己曾经受伤这个“事实”，不要否认它、回避它，不要粉饰太平、想要合理化。唯有接受、承认，疗愈才有可能开始，这是我的经验。

有一年，母亲脾气闹得凶，二姐被她搞得痛苦不堪。我很幸运，人在台北工作，可以名正言顺地“逃”开。其实，我已经逃了20年。逃家的孩子，其实是为了“保护”自己。这句话，有逃家经验的人，一定懂。

我呢？虽然是心理师，但面对自己的母亲，依然束手无策。千万别想要改变你的家人，那是妄想。最后下场不但无功而返，而且会叫自己更加失望、受伤。这是我的经验。

这几年的灵性修持，让我学会了“臣服”。

什么是臣服？就是全然的接受。意思是：接受我的母亲“就是这样”。

臣服、接受，说来简单，但要做到还真不容易。这就是人间修行。

修行，其实是要落实在关系里的。这个修行，一点儿都不高调、不神秘，它切切实实地、落实在每天你跟人的互动中。

如今家里可以跟母亲好好说话，维持还不错关系的人，大概只剩下我。平时一有空，我就打电话关心她，一个月抽空回去看她一次，这大概是我所能做到的极限吧。我接受自己的限制。通过不断地说故事及跟她保持适当的距离，让我比较有能量去包容母亲的这一切。

将心中那个完美的母亲"赐死"

有一年中秋节，二姐跟我通电话，讲到母亲最近又"发作"了，很能折磨人。说到伤心处，泪流满面，叫人心疼。还好二姐有上帝的信仰与依靠，不然服侍母亲的耐心与爱，老早被磨光了。（这点是我很佩服及感恩二姐的地方。）

在这样的"战争时期"，那几天我犹豫着中秋节要不要回家。我的心很清楚：它不想回去，它想保护我。

但另外有一个我，它叫"勇气"，它想回去，它想要回去好好跟母亲说说话，而且是真心话。

以前，我回家的模式是这样的：坐高铁回台中吃饭，当天来回。回家，母亲总会做我喜欢吃的卤蛋与素鸡，然后，餐桌上我边吃着饭，边努力找话题跟她聊天，像是问候她身体等老掉牙的话，最后等话题都聊光了，就进入了长长的沉默。

好不容易吃完饭，母亲会打包卤蛋给我。离开前，我会塞一些钱给她，母亲会演一下戏，推说不要，但一下子钱就会塞进她的口袋里。给完钱，责任已了。然后，我再搭高铁回台北。通常一走出家门，我都会大大松一口气。

这个模式行之多年，它很安全，但也很乏味。

这样的回家模式，虽然表浅，却是我跟她多年的联结方式。后来我才知道，这也是许多子女跟父母的互动模式。我们都在“尽义务”而已，里面没有情分。

但今年，我不想。

中秋佳节，别人家里一家团聚，吃烤肉，和乐融融，我何尝不想？但人生就是这样，不是你想要的，就能得到。

今年，我想跟母亲有“更真实”的关系。我豁出去了。

家人之间能够说真话，才是一种真实的靠近，我要的是真实的亲子关系。《关系花园》一书里提到：“唯有在关系里每个人都能真实地做自己，如此才能创造真正的亲密关系。”我理解，也认同。

于是，在中秋当天，我选择回家。餐桌前，一样的卤蛋素鸡，母亲一样的表情（就是面无表情），但对话不一样了。

听完她抱怨后，我深深吸一口气，看着她，对她说：“我知道你心里有一个洞，想要被填满，也很想要子女爱你。但我们做子女的，心里也有一个洞，也需要被填满，我们也需要母亲、需要母爱的，你知道吗？你有爱过我们吗？”含着泪，我对母亲说。

接着，我更大胆了：“你知道你有多难伺候、多不体贴、多不知足吗？我们都好想爱你，但你好难爱哦。我们受够了你一天到晚的抱怨，你不能老光想到自己呀。”最后，我说：“二姐最近身体很不好，求求你多关心一下自己的孩子，好吗？”

含着眼泪，我几乎是用恳求的语气，求她能给出一点慈悲与关爱，祈求她能站在“母亲”的位置，好好扮演一个慈爱的好母亲。这是所有孩子，一辈子，也是唯一的渴望。

母亲坐在那里，始终不说话，表情凝重。

最后她说她头疼，叫我别说了。然后，逃回房间去。

在回台北的高铁上，我问自己：今天为什么我要跟母亲说这些“真心话”？我干吗自找麻烦呢？

然后，我的心回答：“因为，我想要靠近我的母亲。”“因为，我不想再活在一个虚假的关系里。”“因为，我想要一个有感情、有温度的母亲。”“因为我想让她知道：不只是她伤痕累累，她的孩子也是个个伤痕累累的。”

过去的安全模式不会有冲突，至少可以维持表面的和谐，我当然也可以这样过一辈子（如同许多的家庭一样），但我不想。我想打破。

去年，读了一本好书《破碎重生》，它给我一个灵感：如果旧模式不打破，新的关系就不可能出现，从而获得“重生”。我孤注一掷。我不想老妈以后进了棺材，还活在虚假里，一辈子都无法听见子女真正的心声。虽然这样的真实声音，叫她难受、头疼、想逃。

隔天，我给母亲打电话，没人接。晚上听二姐说，她又开始闹了。母亲打电话去给五舅告状，五舅就马上打电话来骂我。这是她反击的标准响应模式，没错。

失败。我涌上的第一个感觉是：我和母亲说实话的结果，依然失败。她依然没听进去。一股熟悉的挫折感再度涌上。然后，一下子，我被波涛汹涌的失望给淹没了。

因为不放弃，所以受苦

隔天早上醒来，在静心里，我突然意识到一件事：有时候，我们必须让内心那个“完美的母亲”死掉，如此，我们才能继续在艰困的现实生活中，让自己好好活下去。

是的，每个孩子的内心里，都存在一个对“完美母亲”的理想期待。这个期待，是如此坚固、顽强。

或许，这个理想的母亲从未曾出现过，也不存在。但是，所有孩子的期待，却是一天都没消失过。我们依然天天盼望：突然有一天，我们的母亲会变好，会成为我们心目中那个理想的母亲。孩子的这个期待，是如此执着，永不放弃。

“就是因为不放弃，所以才受苦。”我的心，突然了悟。

于是，我明白了，这次回家去跟母亲“恳谈”，不只是想真实地靠近她，其实，我更想召回内在那个“理想的母亲”。

不幸，幻象再度破灭。

果然“破碎”，但不见得“重生”。

回去恳谈虽然失败，但这件事对我仍是有价值的。起码，它打破了母子之间行礼如仪的表面虚假模式，同时，它也彻底打破了我的“幻象”。

现在，我终于彻彻底底地明白：我心中所渴望的那个理想、完美的母亲，过去、现在，都从没存在过。或许，未来也不会出现。

认了吧，我跟自己这么说。

新母亲的诞生

接受不完美的母亲，同时也是在接受不完美的自己，
我们得跟不完美“共存”，
属于自己的美好人生才会开始。

暴风雨过后的宁静

当我写完上篇文章以后，心里有一股莫名的平静。

对，我觉悟了。觉悟，于是给出一种安定。

在那个平静里，我看见有一个新的“我”诞生了。

现在的我，终于可以把内心的话老老实实地对母亲说出来。这件事叫我的生命更加笃定，如今，我还可以把这个历程，完整真实地呈现在大家面前，这更代表着：我接受我的母亲“就是这样”。我不想隐瞒，也不想假装我有一个完美的母亲。我接受在我身上所发生的一切。

当我把这个故事放在脸书与博客上后，继续引发巨大回响，回响之大，叫我震撼。一周内我收到上百封来信，他们告诉我，我的故事深深触动了他们，也疗愈了他们。我的故事，也是他们的故事。

故事带出一种集体疗愈

故事，创造了一种集体的疗愈力量。这是我多年来的私塾经验。

有人说，她边看边哭，明明是别人的故事，怎么写得跟她家一模一样。故事把她内心的话掏出来、被自己看见，很痛，却也让她靠近了深藏已久的自己。当我们不再逃避真相时，生命反而松了一口气。

“一人的故事，众人的故事”，故事带出的共鸣与渗透力是如此巨大，让我们在当中看见自己，并不再感到孤单。

有人说，她在办公室看这篇文章，看到一半便立刻关掉页面，因为害怕自己会失控飙泪。在公共领域，我们必须关掉感觉，这也是做人的辛苦。

虽然有人只响应简单几个字：“心有戚戚焉，痛！”对我而言，这已经是很深的同理了。我看见了对方的“痛”，如同对方也看见我的“痛”一样，在故事里，我们生命是如此“合一”。

更贴近我的同理是，有人从我的故事里，带出自己的故事。就像私塾伙伴里，有人写了长长的信给我，第一次说了她与母亲的故事。她们边写边哭。

在彼此的故事里，我们相互看见、抚慰彼此，这样的生命陪伴带出最佳疗愈。在私塾里，叙事不再是高高在上的理论，它是如此活生生地、如此真实地被实践着。

另一位私塾新伙伴小珍回复我说："你很勇敢，敢跟母亲说真话，敢把自己的故事写出来公开，我缺乏这种勇气。"

我回她："我不是天生勇敢的。我的勇气，是在叙说与实践中长出来的。"就像有一年暑假去云南旅行回来后，我发现："我不是因为有勇气才一个人去旅行，我的勇气是在旅行中，一点一滴长出来的。"

"不急，慢慢来。"我跟小珍说，"其实我们都很软弱。当我们还不够勇敢时，就先接受自己的脆弱吧。当我们可以如实地接受、承认自己不够勇敢时，当下就是勇敢。"生命是如此吊诡，没错。当你敢转身承认软弱时，生命当下立刻"翻转"，你立刻就变得勇敢。

说故事，是一种告白，也是一种"宣告"。宣告是力量的展现。

当我把这个故事说出来的同时，也在把内在那个虚幻的理想母亲给"赐死"。唯有如此，我才有办法回到现实中，如实面对生活里那个不完美的母亲。

说完故事，人才可以安静过生活

说完故事后，我内心的河不再澎湃、不再汹涌，它流入深深的大海中，宽阔、平静、安详。

昨天，在那个平静里，我安然地度过一整天。

早上起来静心、写作，下午接个案、去游泳，傍晚去仙迹岩爬山、吹晚风、看夕阳。那一晚，我在景美夜市吃了一碗美味的鸭肉面与烫青菜，对于这样简单的食物、简单的生活，我感到心满意足。

暴风雨过后，让我可以安安静静地“活在生活里”，并感受到一种淡淡的幸福，这都要归功于我敢“说故事”。

说完故事后，我不再哀怨。我也不再因为自己没有一个充满爱的母亲而感到悲伤。我学会为我自己负责，也为我的人生负责。当下，我愿意当自己的“好母亲”，我发誓，我要好好善待自己。如此的觉悟带出了力量，让我可以安然地面对自己的挫折。于是，心里有个东西，缓缓地诞生了。

那一晚，在睡前的静心里，我既平静又满足。于是，我向上天宇宙与内在圣灵发出深深的感恩。

我感恩：我有说故事的能力。

我感恩：我可以感觉到自己的悲伤与幸福。

我感恩：有这么多人聆听我的故事，并以慈悲、善解的方式响应我。

我感恩：我的故事可以帮助其他跟我一样受苦的灵魂。

突然，在感恩中，我收到一个信息：“原谅她吧。母亲只是配合演出。”

原谅？是的，是该原谅母亲的，她不是故意的。

理智上，我早已知道，但常常做不到。没办法，情绪过不去，理性就出不来，这就是为什么我要一直说故事的原因。如今，故事说到这儿，够了。我得回到生活里，好好为自己而活。

接受不完美的母亲，同时也是在接受不完美的自己，当我们跟不完美“共存”，属于自己的美好人生才会开始。

突然，我领悟到：今生的生命蓝图，其实都是自己灵魂的选择与决定。

我选择出生在这个家庭，选择了这样的母亲，其中必有“缘故”，这是宇宙奥妙的安排。没错，母亲的出现，其实是在帮助我“做功课”。她，只是“配合演出”而已，说得一点儿都没错。（如果不知道我在说什么的人，请看《从未知中解脱》一书。）

那一晚，这样的了悟，让我心中充满了感谢。不久后，我就进入深深的睡眠里，一觉到天亮。

奇迹出现

早上起床，喝水，静坐，心里依然平和。

静心完，抽了一张神谕卡（塔罗牌的一种，这是我展开一天生活的“仪式”）。今天，我抽到的牌是“平静”，这张牌告诉我：“不需要担心，因为一切的发展是如此顺利。”是的，感恩。虽然我不知道这是什么意思，但这个来自大我的信息，是如此抚慰人心，叫人安稳。

神奇的是，连续两天静坐完抽牌，我都抽到“平静”这张牌，你说神不神？（一副牌有44张，要连续两天抽到同一张牌的概率有多大你自己算。）

我明白了。我的心，默默地跟内在神性说：“谢谢。”

我感受到这个信息乃出自宇宙的善意与关爱。突然间，我有了新的领悟：内在的大我，其实就是我的母亲，她一直都在，始终不离不弃呀。喔，原来我那个理想的母亲，一直都在，只是她不在外面，她在我的里面。

因为这个新领悟，让我跟宇宙产生一种崭新而深切的联结，顿时，心开阔了，更加感到平和、安稳。

那一天，我打算去超市买菜，就在出门前，手机响了，有一条短信，一看，是二姐发的，里面写着：“妈妈昨天做了一件让我感动的事，她昨晚跟我说：‘很晚了，你赶快回去休息吧。’妈妈真的改变了，感谢上帝。”

那一阵子，二姐为了安抚母亲的情绪，每天晚上去陪她、帮她按摩。喔，是的，妈妈真的改变了，以前的她绝对不会说出这种体贴人的话的。感谢上帝。

看完短信，泪水夺眶而出。果然，“一切的发展是如此顺利”。果然，我“不需担心”。我终于知道那张牌的意思了。

前几天，写故事中的我，依然感到沮丧、挫折。我发现，当我认定我对母亲的“恳谈”失败时，不就表示我对母亲依然还是带有期待的吗？其实骨子里，我还是期待她扮演好我内在那个理想母亲的，不是吗？

那次恳谈真的失败了吗？不，事情不是这样看的。成败不重要，重要的是，我不放弃我跟她的关系，我不放弃真实地做自己。如此坚持的“不放弃”，是因为我要让自己活得更好，我要让自己有感觉地活着。此刻的领悟，叫我看见有一个我，是如此勇敢、有力量。

到了超市，我买了一颗好大的高丽菜[1]。我好怀念小时候妈妈炒的高丽菜。母亲至少还有一项好处：她很会炒菜，虽然这已经是很久很久以前的事了。那天中午，我决定炒一盘高丽菜给自己吃。就在我这样想时，我突然意识到一件事：在前天写出故事，决定让心中那个虚幻的理想母亲死掉以后，今天，我却得到一个新母亲。这个新母亲，开始会体谅人、会感恩、会说好话了。

喔，果然“破碎重生”！

仔细辨识：刚刚的掉泪，不单只是母亲改变了，而是因为我知道，那次恳谈其实对她是有影响的，她最后终于把我的“真心话”给听进去了。

虽然，真心话像是丢出炸弹一般，炸开虚幻，叫妈妈感到难受、头疼、想逃，但我知道，这个炸弹是必要的。过去，母亲一直是家中的女王，从来没人敢违逆她、跟她说真话。如今，这颗炸弹却炸开了她的幻象（对，她不是女王，而且她必须重新站回“母亲”的位置），同时，也炸开她闭锁已久的心。炸弹，把

1　高丽菜，即卷心菜。

她从深深怨恨的硬壳里炸开，走出来，于是，她才能重新看见阳光、看见她的孩子，也看见别人对她的善意与付出。好一个“破碎重生”！感谢上天。

真的，其实孩子要的不多，我们要的，只是一份母亲的体贴与关心罢了。你看，一句“你早点回家休息”，就让二姐感动得半夜发短信给我。你看，孩子有多好哄。家里四个兄弟姐妹，个个都是体贴善良的好孩子，但可惜，母亲永远看不见，因为从小的伤与怨恨遮蔽了她。她永远嫌不够，因为内心那个“洞”，实在太大了。

在这次对母亲说真话的“行动”里，让我看见了生命的奇迹与恩典。生命有时得“孤注一掷”，才有重生的可能。

这次，我勇敢打破旧模式，把童年的恐惧、愤怒、悲哀，全都丢到火堆里，让它燃烧、升华，我让旧关系“死掉”，于是，一个新的生命、新的关系才能从灰烬当中走出来、重生。

经过这次碰撞，我与我的母亲都不一样了。我们一起“浴火重生”。

当然，我也提醒自己，我不该再期待母亲变成怎样的母亲，我得接受一个事实，即她永远也不会成为我心目中那个理想的母亲。如果我继续坚持、期待，立刻就会落入旧模式当中循环，不是吗？够了，故事可以结束了。

现在，我告诉自己：她要怎样都行，而我，只能接纳、接纳、接纳。这是我的人生功课。

每个人都要对自己的人生负责，负起百分之百的责任，怨怪命运是不会改变命运的。认清了这个事实，我于是不再抱怨人生。

因为臣服、接受，不再抗拒，于是短短几天里，一位新母亲诞生了。此刻，我知道，有一部分的我，也在这个爆炸历程中，死去又诞生了。

受苦的女人（母亲的故事）

从别人的苦难里，让我看见自己，
唯有穿越苦难，
我们才能抵达生命的彼岸。

“幸福人家彼此都很类似，可是不幸人家的苦难却是各不相同。”这是出自小说《安娜·卡列尼娜》的一句话。

这几年，在私塾里聆听许多人的故事，每个受苦的灵魂，背后都有一段故事。在故事里，我不只看见每一个人的苦难都各不相同，我更看见：每个不放弃的生命，它的韧性是如此强大。

是的，我有一个让人辛苦的母亲，为什么她会活得这么辛苦，也让周遭的人活得辛苦呢？这当然是有故事的。这些年来，我回家时经常访问母亲，聆听她说故事（这是我靠近她、爱她的方式），于是，我渐渐明白了她那难搞的个性是怎么形成的。原来，这跟她当年成长的家庭、社会大环境、性别息息相关。

如今深切看个明白，一份怜悯之心油然而生。就让我来说说母亲的故事吧。

一生劳碌，毫无选择的人生

母亲出生在人口众多的台湾乡下农家，她有九个兄弟姐妹，她是长女。她的母亲是一个严肃、掌控欲强、脾气暴躁的母亲，经常打孩子（原来我母亲是外婆的翻版）。她的父亲（我外公）是个爱面子的大男人，浪荡好赌，经常出外赌博，最后把家里田产输个精光。因此，母亲在小学二年级时，外公就叫她不要上学了，去市场卖菜补贴家用。

在那个贫穷又重男轻女的年代，女性往往是被剥削的对象。母亲被严重物化、工具化，她只是家里劳动、赚钱的工具而已，很悲惨。

在20世纪三四十年代，台湾几乎家家户户都是贫穷的农家，那时候劳动是必然的生存之道。母亲说，每天一大早天未亮，她就要到菜园里摘菜，然后用扁担挑着重重的青菜走到市场里卖，那时候，母亲才十岁。

贫苦加上重男轻女，缺乏学历的母亲别无选择，除了劳动，也只能劳动，这是她唯一的生存方式。刚好她又是长女，自然得挑起养家的责任，这也造就了她的干练与刚强。

说到这里，突然想起了我大姐。她跟母亲的故事很像。

小时候家贫，父母出外工作，据说小学开始，大姐就要在家煮饭、做所有家事。一上初中，更是被母亲逼着去给人家洗衣服打工赚钱。中学毕业，妈妈不肯让她升学，于是她半工半读，白天当餐厅服务生，晚上念夜校。

大姐跟母亲，她们都是家里的长女，也都是家里的“牺牲品”。唯一的差别是，大姐还有爱她的爸爸与丈夫，而妈妈呢？我外公根本就是父权社会底下的大男人，在他的眼里，女儿只是一个生产的工具而已。我的母亲，从小就没被爱过。

被羞辱的经验与自卑

活在一个重男轻女的家庭与时代，是母亲受苦的根源，也是她自卑的来源。

母亲说，家里的资源几乎都给了她的大哥、二哥（我大舅、二舅），只有他们可以念书，被栽培念到师范院校，后来去当老师。

母亲说，当时她每天出去卖菜，零用钱比较多，两个哥哥就每天跑来跟她要零用钱，鉴于兄威，她不能不给。但是，最让母亲难堪的是，有一次她挑菜到大舅教书的学校附近卖菜，结果大舅从学校里冲出来大声斥责她说：“不要来这儿卖菜，别丢我的脸。”被自家大哥嫌弃，嫌她卖菜让他丢脸，让母亲当场羞愧地抓着没卖完的菜，一路哭回家。

不只如此，母亲还说，爸爸的餐厅倒闭以后没有工作，失业在家照顾孩子，而她每天一大早天没亮就得偷偷出门兜售衣服，要到晚上天黑才敢回家，因为她怕被邻居、亲戚看到，怕会被人家笑。

除了小时候被自己大哥羞辱，母亲还曾被自己的妹妹羞辱过，母亲说起这段故事时又是一阵鼻酸。

母亲说二姨妈曾住在清水并开了一家杂货铺，因为之前卖毛衣每天到处跑很辛苦，所以她就跟二姨妈商量，想借他们家的店面门口，打算卖阳春面谋生。当时母亲没钱买桌椅，于是还跟二姨妈借了两百块钱买桌椅餐具。想不到才做完第一天的生意，到了晚上，二姨妈就气冲冲地跑来找母亲兴师问罪，责骂她为什么用了他们的木炭烧火，据说姨妈当场像泼妇骂街般辱骂母亲，毫不留情面。母亲被自己的妹妹羞辱，连夜哭着跑回台中的家，再也不敢回清水做生意了。

为了求生存，母亲遭逢的困境不单是外在环境，就连自家亲兄妹都给予无情的摧残，真叫人情何以堪。怪不得她后来自尊心特别强，好面子；也难怪她后来要这么努力打拼，因为她要做给家人看，不能服输。但也因为如此，她变成一个缺乏情感、脾气暴躁、冷酷无情的人。可怜的她，从来没有被好好爱过。

此刻，我也终于理解母亲的内心为什么老是充满自卑与不安全感。如此性格，当然也叫她无法好好过生活、安度晚年。她经常处在担忧、算计中，而且始终觉得“不够”，一天到晚跟我们兄弟姐妹要钱，实在很无奈。她本身是节俭得要命的人，每次如厕完都不冲马桶（为了省水），真搞不懂，她要这么多钱到底要干吗?

一辈子的"孤单"，无人能懂

不过，这一年来，我也在反思：或许母亲要钱不光是“没安全感”，其实她是孤单的。跟我们要钱，或许她是想跟我们产生“联结”吧。

现在，我每两天就会主动打电话回家，跟母亲聊聊天，试着跟她有所联结。

是的，母亲从小就孤单，这是她的生命基调。我是，大姐也是。

母亲经常跟我说起她小时候卖菜的故事，说的时候，眼里依然透露着一丝迷茫。那时候一大早天还没亮，小小的她就得一个人摸黑到菜园里摘菜，然后再担着菜篮，走长长的路去卖菜。清晨天还没亮、很暗，小小的她很害怕，当时只有一只土黄狗陪着她去菜园摘菜、卖菜，一陪就是数十年。那只土黄狗，是母亲童年唯一的伴。

后来，我脑海里经常浮现一个小女生担着扁担走长长的路去卖菜，旁边只有一条土黄狗一路相随的孤单画面。这个画面，叫我心疼，也让我跟母亲靠近。

父亲生意失败后，母亲被迫外出劳动赚钱，她要撑起这个家。由于从小对贫苦的巨大焦虑，加上过去原生家庭的伤，让母亲变得很焦虑、脾气暴躁、经常骂人。如此当然跟孩子距离远、不亲（我们都跟父亲比较亲近）。小时候一看到母亲，自然就想要躲，于是，母亲在这个家里更孤单了。难怪她要有自己的信仰，在那里有一群志同道合的人围绕着她，让她感到不孤单。其实母亲是喜欢热闹的，她需要舞台、需要被捧，这些我都知道。

母亲一生劳苦、一生孤单，在这份孤单里，却隐藏着极大的自卑与自负。

是的，现今的我不得不承认，母亲是一个有能力在艰困中求生存的人。她的求生意志，无人能比。因缘际会下母亲去学做素菜，后来就是靠这个本事赚钱买了一套房子，让我们全家脱离了从小住的“泥土房”。那样的生存能力与生命韧性，在故事中第一次被我看到，认回来。

被决定的婚姻，一辈子的怨

母亲的苦还不只如此。婚姻是女人一生中最重要的选择，但是，母亲却是“无从选择”。小时候我常听母亲说：“为两万块，我被你外公给卖掉……”那种怨，一辈子难消。

十七岁那年，外公在车龙埔（台中太平）开了一家杂货铺，母亲得每天去看店。父亲那时在车龙埔服役，因为常到外公的杂货铺买东西而认识了母亲。大概对母亲有好感吧，父亲经常给外公送米、盐及肉类等民生物资，父亲想讨好母亲，外公对父亲也颇有好感。那时候外公在外赌钱，欠了很多赌债，于是向父亲借了两万块钱，最后，硬是要母亲嫁给父亲，因为这样就不用还钱了，但这也开启了母亲对父亲一辈子的怨与恨。

“你外公为了两万块，把我嫁给了你爸爸。”母亲说的时候，表情依旧充满怨恨。与其说是“嫁”，不如说是“卖”，卖给一个“外省兵”，真叫人情何以堪。

我曾问她：“当时你不想嫁给爸爸吗？如果不想，怎么不拒绝？”

“哎哟，长辈要叫你嫁，你怎么可能反对说不要……”母亲说的时候，依旧无奈。这是一个在传统农业社会、父权底下，女性被压抑、失去自我的故事。

母亲就这样“嫁”给了父亲，一个外省兵，一个她小时候天未亮出去卖菜时，就会被别人吓唬说很可怕、会抓人的“外省兵”。但她没有选择的余地，不能说不，父命难违。是该怨叹命运？怨叹自己的父亲？还是怨恨丈夫？命运弄人，好像怨谁都不是。不能做自己的母亲，活得既分裂又痛苦，当年她只有十八岁。

母亲对父亲的怨，不只如此。更要命的是，父亲在大陆早已经娶妻生子，父亲本以为回不去了，因此才会娶母亲的。但没想到，后来大陆的大妈竟然也带着儿子来到台湾，唉，真是造化弄人。

我不知道当年他们三人是怎么面对这件事的，我想，那时母亲的处境一定很尴尬。结果，父亲依然跟我们住，只有假日时，偶尔会带我们去彰化找大妈，但是身份证上，父亲的配偶栏里依旧是大妈，我的母亲是一个没有名分的女人。在法律上，母亲是没有名分的，怪不得她会如此怨恨不平、没有安全感。

这是一个时代悲剧所造成的结果。你无法怨谁，也只能无奈地接受。

说完母亲的故事，让我对她有了更多的理解与怜悯。然后，心里有个“东西”，渐渐松了。那个东西是什么呢？下回让我再慢慢说清楚吧。

因为慈悲，所以懂得

只有受过伤的人，可以懂得受伤的人。
这份懂得，来自慈悲，
来自对不完美人生的了悟。

十年来，不断地说着母亲的故事，面对自己生命的断裂处，我在疗伤止痛。以前，我跟大多数人一样，多么害怕让别人知道我有一个不完美的母亲。不完美，叫人羞愧，让人痛苦，但后来我更发现：不能接受自己的不完美，这才更叫人感到痛苦。

感谢叙事教会我一件事：如果我没法认回自己不完美的母亲，那么我也无法认回不完美的自己。她其实是我生命的一部分，不管要不要，我都得接受她就是我母亲，而且，她就是这样。

如果抗拒、不接受，我的生命会跟母亲一样，一辈子被困在“要完美”的地牢里，拉扯挣扎。我不想这样，于是我说故事，说故事“疏通”我的生命，让我拥抱自己的不完美。

这些年陆陆续续、来来回回地不断说着母亲的故事，刚开始，心里还是有很多情绪，面对这些情绪很辛苦，边说边哭，但这就是故事疗愈的历程，得忍耐。

渐渐地，等说到一个阶段，受伤的情绪被疏通之后，我也同时拥抱了自己受伤的内在小孩，于是疗愈就产生了。然后，我开始有能量去说母亲原生家庭的故事了。说完母亲的故事，让我渐渐得以理解她的苦。我发现，这个层次的疏通，也是关系的“修通”，当中，有个“慈悲”的东西渐渐从心里长出来。

当故事说到深处，我也突然从母亲的故事里看见了自己，我看见我与母亲在生命底层里，竟是如此相似又相通，这个看见，不但修补了我们之间的“断裂”，更在无形中创造我与母亲生命的深深联结。那是一种很原始、根源性的联结。

当我从故事里感通了母亲的受苦经验，同时我也感通了自己。说故事让我学会慈悲，也让我懂得生命的艰难，并温柔以待。

于是，当我说完了母亲的故事，同时我也认回了自己的母亲。就如同胡绍嘉在《于秘密之所探光：遭遇的书写与描绘自我》一文中评论《多桑与红玫瑰》一样，他写道：

通过书写，这个“我”在追溯、寻找母亲的印记的同时，作者其实也在辨认长成于其中的自己，并将之“嵌置”（embed）于不同人物关系中。但最终，陈文玲在叙事的过程中，找到的是“自己”。就像《多桑与红玫瑰》的副标题所透露的：“这个叫作刘惠芬的女人是我妈妈，是的，她是我妈妈。”

“是的，她就是我的母亲”，如此的接受，正是书写的目的，也是疗愈的完成。我就是如此。

母亲已经很难惹毛我了

今年母亲节我依旧回台中，给母亲买花、买礼物、陪她吃饭，完全发自内心、心甘情愿的。

前一晚我问大姐是否回家吃饭，她没立即回答，看得出心里仍有挣扎。她跟我说，母亲这个礼拜已经打了三通电话给她，然后跟她讲了“三遍”，说我表弟上周日特意买了蛋糕提前帮她过母亲节，这件事把大姐给惹毛了。

呵呵，这就是我的母亲，没错。她就是会用这种方式去表达需要的母亲，她会一天到晚跟我们说谁对她多好，目的是要提醒你：“你也要对我好哦。”

我十分能同理大姐的纠结心情。本来就会帮母亲买礼物的，这种事就算是形式化，她也一定会去做，但每次都要被这样比较、提醒，实在叫人不舒服。我以前也会。

但现在，我不会了。

听完大姐的抱怨，我心里完全没有感觉，我接受母亲“就是这样”，而且现在的我很清楚：或许她不是在比较，她只是在“讨爱”罢了。

说完故事之后，我再看她，已经超越了“母亲”的角色，我看见的是一个内在匮乏的“小女孩”。她需要爱、渴望爱，而且她在讨爱。

因为这样的看见，心里的纠结就变轻，也变松了。所以我常跟人说：现在，我的母亲已经很难惹毛我了。

对母亲，现在的我，真的是打心里怜悯她。

说完故事之后，我的心变得柔软许多。我知道，过去她所承受与体验到的痛苦，绝对大过我好几十倍。我在想：起码我有个好父亲，我的兄姐待我还不错，而她呢？不但被她的母亲从小打到大（大姐曾目睹外婆打母亲，你看，就算母亲当母亲了，还是照样被打），甚至连外公、连她的兄弟姐妹，也没几个是真心待她的。

说完故事之后，我真的觉得她很可怜。作为一个母亲，她是不完美的，但我想她尽力了。作为一个女人，她是悲苦的，却是有力量的。现在，对于那个从小长期生活在暴力阴影下的母亲，我没有恨，只有怜悯、只有疼惜。真的。

故事，不只疏通了我与母亲的关系，我更发现：这几年我的情绪也变得安稳、平和许多。以前，我是个急性子，事情没做完总是很焦虑（跟我老妈一样）；现在，我懂得放慢脚步，知道只要尽力就好，我不再为难自己了。

我终于学会放过自己了。

现在，包括走路、说话、吃饭，我也都会尽量放慢。我想，这就是我说完故事的疗愈吧，说完故事之后，以前内心的纠结，松了，不再纠缠。

说完故事，慈悲升起

不只如此，我也发现，或许因为自己有这样受苦的经验，反而让我更容易同理跟我有类似经验的受苦灵魂。原来，这世上拥有不完美父母的人，还真不少，原来，我们都是一样的。

说故事，让我认回内在受伤的小孩，也让我与其他受伤的众生更加靠近。

说完故事后，叫我越来越能贴近案主（学员）内心的伤痛与不堪，并产生慈悲心。在故事里，我们的生命是“合一”的。

只有受过伤的人，可以懂得受伤的人。这份懂得，来自慈悲，来自对不完美人生的了悟。于是，我明白了：

原来，受苦挣扎是人生中的必然。

原来，不完美的人生才是正常的人生。

原来，每个人都一样，我们天生注定要与这些不完美为伍，并在不完美中受苦。虽然受苦，却让我们在当中学习谦卑，使生命因此茁壮、发光、发亮、美丽。

原来，这就是生命受苦的意义，也是不完美的礼物。

说来奇怪，这几年来找我的案主很多都跟我的生命经验很类似。他们和我一样，都有一个不完美的母亲（有的是父亲），生命也曾在挣扎中度过。

因此，聆听他们的故事，我很容易就能进入对方内心深处，理解那种无法言说的痛。当我聆听故事时，通常会温柔地注视着对方，心里默念："我爱你，谢谢你，对不起，请原谅我。"如此，让我可以直接进入对方受伤的灵魂里，跟灵魂对话、联结，抚平他内心的伤与痛。如此，让我与我的案主，深深同在。这样的陪伴，就是一种灵魂陪伴，我"超度"了那个受伤的灵魂。这几年我做的叙事灵性工作，就是在做这件事。

如果你听不懂我在讲什么，没关系。其实我想说的是：聆听故事，绝不是头脑的运作，这是用整个生命（whole-life）去接住生命的。只有灵魂可以进入另一个人的灵魂里，不管说故事或听故事，都是一种灵魂的碰触。

唉，我经常感叹：成为助人者，如果自己不去说故事、不去面对生命的断裂、不敢碰触生命的不完美，你大概也很难去疏通别人吧。一切疗愈，得由我开始。

最近看了一本书，我想以书上的话作为结尾。它认为说故事是：

一场无遮掩的表露，勇敢地承认自己是谁，接受自己的不完美，接受世间的不完美；真诚地面对与接受自己的不完美，将被我们摒弃的阴影收编，减少否认与自责所耗费的能量，然后才有能力放下，才有可能放弃执着，不再试图掌控一切，才有机会成为完整的人。

说故事，就是收编阴影。我完全同意。

说故事就像是一场人生的修炼。说完故事，心于是柔软了，有个叫慈悲的东西，在心中缓缓升起。当我们接受并拥抱“不完美”时，我们终于成为自己。我想，成为真实的自己，再也没有什么比这更重要的了。

第三章

拥抱你的内在小孩

透过忏悔、宽恕、超度等灵性仪式
让我们得以重新拥抱
受伤的内在小孩

忏悔的力量

所有的孩子，永远在等父母这两句话，
第一句是："我爱你。"
第二句是："对不起，请原谅我。"
这两句话，叫受伤的灵魂得以被抚慰。
因为，忏悔就是爱，爱就是疗愈。

今天，突然很想打电话给大姐，已经有一个礼拜没跟大姐通电话了，不知道她过得如何。

每次我都可以从大姐接起电话的第一声里，判断出她情绪的好坏。

"喂，志建你好。"声音是高扬的。电话里传来愉悦的声音，我放心了。

"最近过得如何？"我也变得兴致高昂起来。

"最近过得还不错呀。"

"怎么说呢？"我好奇地问。

"最近我走在路上，可以感受到微风吹过身上，开始有一种幸福感，感觉双脚已经踏在地上了。"哦，大姐好会形容，这么一说，叫我眼睛发亮。

一定有故事的，我迫不及待想知道。

接着，大姐跟我说了一个她跟母亲互动的故事，这个故事，让两人的关系有了重大的突破。

话说有一天，大姐打电话回家想跟母亲聊聊天，母亲一接起电话，大姐就问："妈，你在干吗？"

母亲说："我在包水饺给你大弟。"有时，哥哥怕母亲一个人在家无聊、想东想西，会故意说他要吃水饺，叫母亲包给他吃，目的是让她有事做、让她觉得自己有用。据说让老人家做家事，可以预防阿尔茨海默病。

难得大姐心情不错，于是随口说："那我也要。"听得出来，那是女儿的撒娇。想不到母亲竟然说："好，给你十个。"就匆匆挂了电话。

大姐说，母亲回话时的口气很硬，很急着想挂电话，顿时，她愣在那里好一会儿。然后，某些记忆突然涌了上来。过去她被拒绝、被忽略、被不公平对待的受伤感觉，一下子如巨浪般汹涌袭来。大姐就在电话机旁，大哭了起来。

不久，大姐不知哪里来的勇气，竟然又给母亲打去电话。

电话里，大姐说："刚刚你的话，让我好伤心。我不是真的要吃你的水饺，我有钱买得起水饺，但为什么从小到大，你从来没想过我需要什么？你都没问过我，只会想到弟弟妹妹，你只会给他们，从来没有主动关心我、给过我什么！"大姐边说边哭，哭得好伤心，刹那间，她变回童年那个小女孩，感到万分委屈。

还好母亲这回没挂电话。真是大幸。

要是在以前，母亲一听到这样的话，一定“接不住”，会生气地否认：“哪有，你想太多了。”然后气得挂电话。这就是她的模式，也是让母亲跟我们子女的关系一直存在断裂的原因。

大姐越哭越伤心，母亲呢，没挂电话，也没说话，她大概大吃了一惊。最后，是大姐自己先把电话挂断的。

后来母亲打给大哥，跟他讲刚刚跟大姐的事，说要到大姐家去看大姐。哥哥怕她们两人吵架，叫母亲先缓一缓，然后自己打电话给大姐，说母亲要过去看她。想不到，大姐竟然答应了。

“我就跟你哥说，让妈来呀，要讲就讲清楚。”不久后，母亲搭了出租车赶到大姐家。在母亲赶到大姐家前，大姐又开始焦虑了，马上打电话给二姐，要她也立刻赶过来。“我没有办法单独面对母亲说话。”大姐说。

没错，她们的关系断裂很久了。

长久以来，她们两人是没办法在一个空间里单独相处的。这样的难处，恐怕非他人所能理解。

但二姐正在忙着搬家，实在赶不过去。大姐这次也只能硬着头皮，单独面对母亲了。她说，当时她其实很焦虑、很紧张，但不知道哪里来的勇气，反正内在就是有个声音告诉她：“你要勇敢。”

终于等到那一声“对不起”

当时大姐搬回台中已经三个多月，母亲却是第一次到大姐家。进去以后，她先到处看一下，看到这么高级的住所，母亲忍不住问：“房租要多少钱？”钱在母亲的心目中，永远是第一位。

但现在，大姐不想跟母亲讨论钱，她只想讨论她们之间的关系，所以淡淡地回：“很贵。”然后就邀请母亲到餐桌旁坐下，给她泡杯茶，两个人面对面，互相望着。

“我真的豁出去了，不知道哪里来的勇气，我就开始说从小被妈妈虐待的事，还有她的偏心，什么好吃的都先给你二姐，我好像不是她的女儿，我边说边哭，哭得好伤心……”大姐毫不隐瞒，第一次，把自己从小到大心里的委屈、被忽略、被伤害，通通倒出来，像个委屈的小孩，边说边哭。

老妈呢？我好奇妈妈如何面对大姐的眼泪与哭诉。

你要知道，要是在以前，我老妈怎么可能让子女这样说她，她绝对不会承认的，她不是反驳，就是恼羞成怒。而这样的反应，可想而知，只会叫孩子更受伤、关系更加断裂。我担心大姐再度受伤。

然而没有。“这一次，妈妈就静静地坐在那里聆听，就是听，让我说个痛快。”

真的假的，我的眼珠子差点掉出来。

“不只如此，”大姐接着说，“她还跟我说：‘对不起，请原谅我，我小时候没念书……’”此话一出，我的眼眶就红了。泪水溃堤，大姐也是。她说她累积了四十多年的委屈，如洪水出闸门，一发不可收拾。

喔，大姐等这句话，等了近五十年。我也是。

隔天，大姐带着母亲去逛百货公司，帮她买衣服。这也是第一次，母女可以一起单独逛街。

在电话里，我听湿了眼眶。这一切，简直不可思议，简直是奇迹。

我终于明白了，为什么大姐一开始会说，现在走在路上，比较能感受到微风的吹拂，并感到幸福了。哦，原来是母亲那声“对不起，请原谅我”疗愈了她。

那一场母女对话，因为母亲的忏悔，让孩子从小受伤的灵魂得到了医治。

忏悔就是爱，爱是最大的疗愈

此刻，我亲身体验到《零极限》里忏悔的疗愈力量。

我十分明白，忏悔之所以能带出疗愈，是因为里面有着“深深的爱”。从事心理工作二十余年，我不断在体验一件事：从爱中得到疗愈（Healing through love）。是的，爱永远是最佳的身心良药。

多年的咨询工作，我最大的心得就是：所有的孩子（包括我在内），永远在等父母这两句话，第一句是：“我爱你。”第二句是：“对不起，请原谅我。”

我也发现，越早得到这两句话的孩子，生命走得越安稳，也越能享受生活的乐趣与人际亲密。

而永远得不到这两句话的孩子（当然最后都变成了大人，但内在那个匮乏的小孩却永远不会消失），则永远会在关系中搅动、翻腾不休。因为他们从父母身上得不到的东西，会不自觉地期待从别人身上获得，然后，无所不用其极地开始玩各种心理伎俩、人际把戏（如讨好、攻击、批判等）。根据我的经验，最后都会“无功而返”，反而把自己及亲近的人弄得伤痕累累、疲惫不堪。我很多个案都是如此。

关系的修复，是一个大工程，也是每一个人一生中最重要的功课。

我们一生中努力做了很多事，其实最终的目的，都在追寻爱、讨爱罢了。而我们讨爱的对象，最原始的，其实就是父母。我们的一生都在期待得到父母的认同与肯定，这是我做心理工作二十余年最大的发现。

但在这些年的疗愈经验里，我发现：一个人是无法从别人身上得到疗愈与爱的，除非他先爱自己。真的，早期缺乏父母关爱的伤痛与匮乏这件事，你无法回头去跟父母要，就算要，也不见得要得到。你迟迟不肯放手，只会叫自己更痛苦。那怎么办？

唯一的办法，就是从自己身上下手。

只有我们可以疗愈、抚慰自己内在那个受伤、匮乏的小孩。而且，当我们愿意抚慰那个匮乏的小孩时，很神奇的，父母或他人也会突然改变了，变得“善待”我们自己了。大姐是如此，我的个案案主与私塾成员也是如此。

至今，我依旧无法理解：母亲是怎么能够“突然”办到，说出“对不起，请原谅我”这句话的（相信我，这绝对不是我的母亲平常能说出的话）。但“对不起，请原谅我”这句话，其实早已随时随地在我的脑海里不断播放着。

这几个月，时时刻刻，我都对着内在神性的大我说话，几句简单的祷告语，不管它有没有效，至少它让我心里感到平安。

或许，也因如此，通过与大我的联系，我安放了自己，我的母亲也自然改变了，她变得比以前更温柔、慈悲。这样灵性的“联动”，虽然很难言说理解，但这却是我这几年的生活经验。

内在小孩的灵性疗愈

所有人生的困境，都是我们灵魂的召唤。
生命中发生的一切，都是一种福气。
——《破碎重生》

家，是我们的庇护所，但家庭也会伤人。没有一个家庭是完美的，也没有一个人的父母是完美的。这个事实，你不得不承认。不认，你就受苦。

在我的叙事咨询里，经常做家庭治疗，但你知道的，在我们“家丑不可外扬”的文化里，要叫全家人一起来咨询，简直比登天还难。

那怎么办？来自家庭的伤、童年的创伤，只因家人不来、系统不变，就无法疗愈了吗？不是。

这几年，我的叙事工作发展出一种“一人家庭治疗”的咨询模式，家人能来最好，不然，你一个人来，只要你愿意好好地说故事，通过脉络性的理解与对话，同样可以进行家庭咨询。当一个人开始说故事，生命就开始产生流动。一旦自己的生命流动，所处的系统（家庭动力）也会跟着改变。这样的生命联动，也是一种“灵性联动”，它是我这几年做叙事灵性咨询最大的发现，其效果令人惊讶。

在叙事“脉络性的理解”里，让我们回到自己当时生长环境的社会文化大脉络，去理解当时发生的事，同时更进一步，回到父母成长背景的环境里，理解父母为何会变成这样的人。通过这样脉络性的理解，可以让我们明白：父母对我们的伤害，真的不是故意的，也不是冲着我们来的。“原来，不是我不好，父母不是不爱我，是因为当时的他们给不出爱来。”这样的新理解，可以帮助我们松动原本的“相信”，让我们不需要再拿鞭子鞭打自己。

但后来，我也发现：不是每个说完父母故事的人，都可以完全从伤痛里走出来，得到解脱、疗愈的。

曾经有位私塾学生，她是一位研究生，论文就是写自我叙说。从小她就是个受虐儿，在充满暴力的家庭里长大，通过论文书写自己的受虐故事，她想把小时候被虐待的自己认回来。

书写的过程很辛苦，她边写边哭。要面对往事的不堪与伤痛，心里其实很挣扎，百般不愿，但她知道，她没有别的选择，这是她疗愈自己内在小孩的唯一方式。整整花了两年，她才写完自己的故事。

这是一个辛苦的历程，但很值得。还有什么比“解救自己”更重要的呢？

通过故事的探索，她渐渐明白：不是她不乖、不好，原来她只是父母童年创伤投射下的“受害者”。她并没有错。甚至，她发现自己能够在这样恶劣的环境长大，存活下来、没有变坏、没有自我放弃，还能够念到研究生，这已经是一件很了不起的事了。没错，我们得这样看自己，生命才能长出新芽、长出力量。

写完论文后，她重新看见自己，她不只是一个家庭的“受害者”，同时，她也是一个有能力在恶劣环境中，让自己长大的巨人。

她是“压不死的玫瑰”。这个隐喻，是当年她在私塾说故事时，我送给她的隐喻。

通过这些脉络性的理解，确实大大“解构”了她对自己的负向信念，也让她大大地松了一口气。但是，这离真正的疗愈，其实还有一段距离。

写完论文，毕业后，她顺利考上心理咨询师。

半年后我再邀请她回来说故事（故事是必须反复叙说的），分享自己书写论文的历程与经验。她告诉我们：写完故事的那一刻，整个人都松掉了，她几乎瘫在椅子上，爬不起来，后来整整昏睡了三天。

她说：当长期压抑的内在羞愧、怨恨被清理出来后，确实让她感到轻松，但不久后，却也有一种“空”的感觉。

空？我请她多说一点儿，什么是空的感觉？

她的眼神缓缓地飘向天空，说：“虽然通过故事叙说，我认回了小时候被家暴的自己，同时通过脉络性的理解，我明白了我的父母会这样对待我，其实也有他们的苦衷与难处，我知道他们本身是匮乏的，他们也缺乏爱，这样的理解，虽然有让我好过一些，让我不再自责或羞愧，但是，我也必须诚实说，几个月后，我内心却出现另一个声音：‘为什么是我？’为什么是我遇到这种父母？为什么别人的父母都可以比较正常？为什么？”

原来，这就是她所谓的“空”。

这个空，不是真的空，而是对生命的发生，存在着许多疑惑与不解，里面有一种“无语问苍天”的无奈。

老实说，我可以理解这种感觉，因为自己也曾有过这种怨叹，我也曾抱怨过：“为什么我要有这种母亲？”

然后，我明白了：为什么这几年我的叙事，会渐渐走向“灵性”疗愈。

其实，生命不是一种理性的运作，有些事是没道理的，它就是这样。生命的发生，是你无法用理智去理解、去控制的。面对生命，有时我们只能“接受、臣服”，你抗拒、否认，只会更痛苦。唯一的疗愈之道，就是“接纳”。这几年的灵性修炼，让我明白了这件事。

没有人的人生是百分之百顺遂的，生命总是充满意外、充满变量。去年一位做家排[1]的朋友因罹患大肠癌走了，两年前他还来上过我的课，那时他还好好的呀。

1　家排：家庭系统排列，是心理咨询与心理治疗领域的一个方法，多用于家庭治疗。该方法是由德国心理学家伯特·海灵格（Bert Hellinger）最早研究发展起来的。

有人好端端走在路上，却莫名其妙地被路人拿刀砍杀；还有人一向遵守交通规则，却在上班的路上，被喝醉酒的驾驶员给撞死。这样的意外每天在新闻里播放，我们一点儿都不陌生。发生这种事，你怎么说？

这几年我也经常在想：虽然我有一个让我过得辛苦的母亲，但是比我更惨的人还很多（虽然故事是无法比较的）。我的朋友与学员中，还有更多人小时候被家暴、被性侵，甚至从小无父无母、寄人篱下，过着有一餐没一餐的生活，这种故事比比皆是。请问，为什么他们这么倒霉，要出生在这种家庭、有这种父母呢？你怎么解释？

于是，我想起《与神对话》这本书里的一段话：

没有巧合，

也没有什么事是因意外而发生的，

每件事和每次冒险，

都是你的灵魂招来你自己身边的，

以使你能创造并感受真正的你自己。

老实说，如果不通过这样灵性的理解，有时候，我们还真难从不完美的家庭、从不堪的童年创伤中“走出来”。

叙事，可以帮助我们从社会文化的角度，理解我们的遭遇与苦难，让我们产生多元的观点，对事件产生新的诠释与意义，并从中看见人的动能与力量。这是叙事对人的疗愈与贡献。但我也发现：对有些人而言，光是这样解构还不够，那个创伤还在，还会痛。

于是，我们必须加入一种超越理性的“灵性观点”。

这种观点，超越头脑、超越理性的认知，它给出一种生命框框以外的看见。

在灵性的看见里，让我们对生命的苦难产生新的洞见：原来，这一切，都是我们灵魂的召唤，是我们生命的选择。因为这个明了，于是才能给出一种接纳、放下，于是我们才能“放过自己”，不要再钻牛角尖，不会一直想跟老天讨公道。

你一定会问：“为什么我的灵魂要做这种选择？要让自己受这种苦呢？”

嗯，好问题。

如果你去阅读灵性书籍，它会告诉你：我们需要去“经验”这些事，是因为我们得在这样的经验中，学到一件人生功课。这是我们此生的目的。

以我而言，说完母亲的故事，在这些年的灵性修炼里，我似乎明白了：我的灵魂之所以选择这样的母亲，是因为我需要去学习“包容”、学习“爱”这件事。

老实说，如果没有这样的母亲与童年的匮乏经验，我绝对无法成为可以如此深深同理他人的心理咨询师。聆听故事，让我很容易进入别人的苦难里、感同身受，因为，里面也有我经验过的苦与痛。

生命因为不完美，反而叫我们得以靠近彼此。

也因为经历过这样不完美的家庭及不完美的童年，于是叫我更认识生命，同时，也让我在面对每个不完美的生命时，生出多一些的包容与慈悲心。

活到中年，我渐渐明白一件事：原来人生走这一遭，我们不是来“拥有”什么，只是来“经验”什么。在所有的经验中，我们唯一想要拥有的，只有爱；而唯一需要学习的，也是爱。

不要背叛你的孩子

当我们把冷静自持和控制，看得比容许自己释放热情、耍宝搞笑、流露真心、表达真实的自己还重要时，就等于背叛了自己。

当我们一再背叛自己，我们也会背叛所爱的人。

——《不完美的礼物》

母亲节过后，一位新案主小玉（化名）来找我咨询。

她会找到我是因为看到我博客写的文章《认回不完美的母亲》。她很有共鸣，同时也被里面的故事所震撼，因为她也有一个不完美的母亲。

第一次晤谈里，小玉跟我说了许多故事，关于她从小被母亲忽略、打骂、羞辱等精神虐待的故事。回顾往事，让她很伤心，边说边哭。

那次晤谈结束，除了我的书外，我还介绍她看另一本书《不完美的礼物》作为参考。接纳自己的不完美，并接纳自己有一个不完美的母亲，是疗愈的第一步。

下周当小玉再度出现时，她一坐下来就迫不及待想跟我分享阅读的心得。

小玉告诉我，那天回去她就买书了。上个星期，两本书让她边看边哭，里面很多故事都很触动她。“尤其当我看到《不完美的礼物》作者讲的最后一个故事时，我当场就放声大哭了。”她说。

我很好奇是什么故事触动到她，便请她详细说明。

“就是作者布朗写道，有一天她带着八岁的女儿逛百货公司买鞋子，当时卖鞋子的专柜正放着一首流行歌曲，她的女儿竟当场跳起舞来（她女儿是一个肢体很自由的孩子）。就在那时，专柜旁边刚好有三个贵妇同时也带着孩子来买鞋子，大家全盯着她女儿看，看她跳奇怪的机器舞。作者注意到旁边人的表情，不是欣赏，反而是为她的女儿感到难为情。当时她也超尴尬的。

“当贵妇旁边的小女生正交头接耳，可能在说些取笑她女儿的话时，她女儿顿时不知所措，身体僵住，突然停了下来，看着作者，眼神仿佛在求助：‘妈咪，我接下来怎么办？’

“没想到，作者看着女儿说：‘你可以把稻草人的动作加进去呀！’于是，女儿继续开心地跳她的舞。从那一刻起，作者的视线就不曾离开女儿，她在一旁欣赏着女儿的即兴表演。

“作者说，她不想‘背叛’她的女儿，她选择站在女儿这边。当我看到这里时，就放声大哭了。”

嗯，是有这个故事，我记起来了。

书上还写着：在第一时间，看到别人对自己的女儿指指点点、议论纷纷时，作者布朗真的超尴尬的，她说，要是在以前，她绝对会用力瞪女儿一眼，说："拜托你，别那么夸张好吗？"但她知道，如果她这么做，等于是"背叛女儿、拯救自己"。她在书上说："感谢上帝，当时我不是如此反应。"

因为布朗这几年专注于"羞愧"议题研究，所以她深知羞愧会在什么情况出现，打击自己与他人。羞愧源自"不完美"。我们的文化是要我们完美的，当我们无法符合这个标准、当我们不完美时，羞愧立即上身。

为了要完美，我们把自己"限制"在一个框框里，冷静、自我控制、怕出错。作者在书上说："当我们把冷静自持和控制，看得比容许自己释放热情、耍宝搞笑、流露真心、表达真实的自己还重要时，就等于背叛了自己。当我们一再背叛自己，我们也会背叛所爱的人。"唉，说得真好。

回到小玉身上，我感谢她分享这个好故事给我，接着，我问她："我可以知道为什么这个故事那么触动你，让你大哭吗？"

小玉告诉我，从小到大，她很少体验到父母是"站在她这一边"、支持她的，甚至，她体验到的，几乎都是父母的"背叛"。

她举了个例子：小学有一次她跟同学在教室里吵架，被老师看见了，老师把她叫到办公室，二话不说就指责她，说她态度不好，不该那么大声，要她跟同学道歉。其实当时是同学先欺负她、偷拿她的铅笔，老师的指责让她觉得很委屈。回家后，她跟爸爸诉说心里的委屈，没想到爸爸却说："跟同学吵架、被老师骂这么丢脸的事，你还敢说！"当场，她感觉像是被重重甩了一个耳光。心，好痛。

“父亲背叛了我。”她说，“父亲的背叛远比被同学欺负、被老师冤枉的痛还要痛，还要叫人伤心。”

不只如此，母亲也是。小玉又举例：

初中时有一次在餐厅吃饭，那次聚餐是跟姑妈、姑丈、堂哥、堂姐等一群亲戚朋友吃饭，大家开心地边吃边聊天，吃到一半，聊到孩子的功课，妈妈突然在众人面前对着小玉说：“你看堂哥、堂姐多厉害，他们都考上了建中、北一女，哪像你这么笨又不用功，我看你能考上景美女中就该偷笑了。”

小玉说当下她羞愧得涨红脸，恨不得有个地洞可以马上钻进去，饭也吃不下了。这就是母亲的背叛。

小玉继续补充：“从小到大，不管我做什么、说什么都不对，母亲很少肯定我。以前我最常经验到的是：在餐桌上，我讲话讲到一半，妈妈就会从餐桌底下狠狠地踢我一脚制止我，要我别说了。每次被踢，我都受到很大惊吓，我终于知道为什么我一直害怕犯错、一直没有安全感了。”

哦，多么痛的领悟啊。

很多父母可能都不知道：孩子的心很脆弱，孩子的心是玻璃做的，很容易碎的。你的一句话、一个动作，很容易就叫孩子受伤。

所有的孩子都对父母有一个理想的期待（我们会过度美化父母），期待被呵护、被接纳。于是，只要体验到父母恶意、不友善的对待，孩子就立刻感到受伤、感觉被背叛。这是很真实的感受。而且，更要命的是，这种受伤的感觉，会一直“过不去”，停留在记忆里，一辈子不散，除非你回头把当时羞愧的自己给解救出来。

说这些故事，是因为很多父母可能会“无心”伤了自己的孩子而不自知。我知道你真的不是故意的，但父母的一句话、一个动作，在孩子眼里，都会被放大解读。孩子很敏感，请小心你的语言，我常跟很多父母这么说。

其实，我们都不完美。如果你不小心伤过孩子，让他们受伤、流泪、感觉被背叛，请二话不说，立刻向他们道歉吧。一声“对不起，请原谅我”，孩子身上的伤，马上会被抚平。

如果你还是说不出口（爱面子），也没关系，那么，起码在心里默念《零极限》这四句话吧：“我爱你，谢谢你，对不起，请原谅我。”

小小的道歉或补偿，对孩子意义非凡，因为里面是爱，爱就是疗愈。

毕竟，孩子比面子重要，不是吗？

超度童年的伤痛

被背叛的撕裂与受伤的心灵，
需要一种超度的历程，才得以渐渐抚平伤痛，
这是一种“非头脑”的灵性柔性疗愈。

上一篇文章《不要背叛你的孩子》，一放在脸书与博客里，果然又被疯狂转载分享。几天之内响应如雪花一般，叫我十分讶异。为什么大家对这个故事如此有共鸣？难道，我们都有曾被父母背叛的经历？是的，没错。

当晚，一位朋友写信告诉我，看完这篇故事以后，她才更加明了：原来父母对她的伤害，不只是被忽略，而是自己被父母“背叛”了。明白了这个，不知道为什么，反而让她松了一口气。

此外，还有人跟我分享更深的背叛故事，叫我看得心惊又心疼。

一位参加私塾的朋友说：从小她的身心就不断遭受暴力的攻击，让她有一个灰色的童年（不，黑色的，后来她更正），那段不堪的岁月，叫她痛不欲生，甚至曾经想自杀。

她的故事是你在电视连续剧里才会看到的。从小，她有一个酗酒的父亲，每次父亲喝完酒，就开始发脾气、乱骂人，甚至经常半夜把所有的孩子都叫起床，到客厅罚跪。如果不从，就是一

顿毒打。到现在，她依然经常半夜做噩梦、惊醒，小时候的惊恐蔓延到身体每个细胞，让她至今依然无法安稳度日。

父亲没工作，母亲必须担负起养家的重任，兼好几份差事，每天像陀螺一样转个不停。母亲经常不在家，必须把时间与精力都耗在赚钱养家上，根本就无暇照顾她与弟弟妹妹。因此，她不但得不到父母的照顾，反而被迫扮演弟弟妹妹的“父母”，负责照顾弟弟妹妹。每次弟弟妹妹要是出了差错，或家事没做好，她不是被骂就是被打。双重的家暴，让她痛苦万分。

这还不打紧，更惨的是：她被强暴了。

上高中那一年，有一天父亲跟一位朋友在家喝酒喝到很晚，最后父亲喝得烂醉如泥、不省人事，那个叔叔就趁机跑到房间非礼她，事后还警告她不能说。于是，那一年她的人生从灰色变成黑色。她整个人突然“死机”，每天过得浑浑噩噩、完全失去动力。

那期间她不但功课退步，做家务也经常出错，一天到晚被母亲痛骂。有一天，她终于受不了了，情绪崩溃，对着母亲大吼：“你一天到晚不在家，我被欺负了你都不知道！”然后，她放声大哭，把自己被强暴的事说了出来。

母亲的反应呢？

这才是重点。母亲不但没有安慰她，还跟她说这种事绝对不能说出去，不然很丢脸。崩溃！这就是母亲的背叛。

然后，当天晚上，她在房门外偷听见母亲跟父亲说自己被强暴的事，结果，她竟然听到父亲说："既然都这样了，要不就叫她不要念书了，去酒店上班，赚的钱比较多。"世纪大崩溃！父亲的背叛，就像一把利刃，深深刺进她的心。

绝望！在父母双重的背叛下，她深受打击。

我想要是一般人一定活不下去了（难怪她一直想自杀），但她还是让自己活下来了。真不容易啊！

还好父母算有良知，没有真的逼她去酒店上班。但她心里十分清楚地知道：这个家，是无法待下去的。没有人可以保护她，也没有人是真心爱她的，这个家不值得眷恋，她必须出走。

于是，高中一毕业，她就以帮家里赚钱为理由，一个人跑到台北工作，其实她心里知道，真正的目的，是想逃离这个让她伤心欲绝的家。

离家，一晃30年过去，如今她事业有成，也已经成为别人的母亲，但她没有一天快乐过。那个伤，还很痛。

童年那段记忆，是她一辈子的伤痛。现在的她，想要为自己"挺身而出"，她说："父母背叛了我，但我不想背叛我自己。"

为了疗愈自己，认回过去那个被家暴、被强暴的受伤小女孩，这几年她开始寻求心理咨询。去年，她关注我的博客，看到我举办的"内在小孩"叙事灵性疗愈工作坊信息，毫不犹豫立刻报名参加，后来又加入私塾继续说故事。她下定了决心，就是要把那个伤痕累累的内在小孩给拯救回来。

哇，她是勇敢的女人，我很佩服她的生命韧性与力量，我想要是一般人老早就放弃了，但是她始终都没放弃过自己。

有一次我问她：“你知道吗？我见过很多跟你有同样生命经历的人，童年不是被家暴就是被性侵，后来有些人会觉得自己的生命很没价值，于是放弃自己，跑去跟乱七八糟的男人鬼混，但你却跑去做女工、踏踏实实地过生活，到现在自己开了一家公司，告诉我，你是怎么办到的？”

被我这么一问，她泪水直流。我知道，那是一种自我疼惜的眼泪。

不久后，她缓缓道：“我也不知道，我只是不断地告诉自己，别人看不起我没关系，但我不能看不起自己。”此话一出，我的眼眶也红了。

这一年来，在私塾里，她不断地说故事，把自己不堪的童年通通给认回来。“你真是太勇敢了！”我心里真想这样告诉她。还记得布朗博士在《不完美的礼物》一书里的那段话吗？“揭露自己的故事，并且在过程中爱自己，会是我们所行之事中，最勇敢的一件事。”是的，没错。

这几年带工作坊或私塾，很多女性朋友都告诉我，生命中经历过最大的不堪与背叛就是：在小时候曾经被长辈或陌生人性侵或性骚扰后，父母的反应不是否认（“你不要乱讲”），就是反过来斥责子女（“一定是你自己不检点，先去勾引男人”），就算是不否认，也不指责，很多父母为了面子，也会要女儿闭嘴，千万别张扬出去。不管是以上哪一种情况，对当事人而言，都是一种背叛，都是深深的伤害。

这样的创伤，需要被疗愈、被超度。在工作坊及私塾里，通过各种叙事与灵性作为，我就是在“超度”内在那个受伤的灵魂。

如果当事人准备好了，我会邀请她说故事，让故事以一种温柔的方式被聆听、被接纳、被同理。在大家的故事里，我们得到共鸣与支持：“原来我不是唯一有这种经历的人。”这样的共鸣，让生命因此不再孤单，也不再视自己为一个大怪物。

接着，我们会写信给父母或给曾经伤害过我们的人，把过去没有机会说出或来不及诉说、关于我们所遭受的伤痛委屈，通通畅快写出来，认了它。

写完后，还要念出来（朗读），然后，再把这封信当场烧掉。这个历程，就是一个充满灵性的深度疗愈。

很多人经验了这个疗愈历程以后，你会看到：那张脸马上变得柔和，身体马上变得轻松、轻盈，过去在心里紧紧抓住的东西，变松了、消融了。

写出来、念出来、说出来，让我们内在积压的负向能量获得大大释放。把信烧掉，通过火的“净化”仪式，让我们把负向能量清理干净，同时，那一刻也让我们与宇宙的正向能量相互联结。

最后，再通过与内在神性大我（或指导灵）的联结，我会指导大家写一封信给自己的内在小孩，表达我们对他的爱与疼惜，于是，当下我们就拥抱了那个受伤的小孩，把他从黑暗的地窖里拯救出来。

经历这整个历程，有些人可以一次就得到疗愈，但大部分人需要很多次，毕竟，疗愈没有快捷方式，疗伤是需要“分期付款”的。我经常这么说。

对待生命，我们需要有耐心。接纳自己、自我疗愈，是需要时间的，急不得。

在进行内在小孩的疗愈工作时，我喜欢用“超度”这两个字来取代“治疗”。“超度”，是我们文化的语言，里面有着浓浓的东方禅味。尤其“度”这个字，请想象一下：河中一叶扁舟，从此端到彼端，缓慢、稳定、柔和又坚定地前进，过程中不急躁、不刻意、不批判，那就是一种对待生命的方式，同时也是描述故事疗愈历程的最佳隐喻。

被背叛的撕裂、受伤的心灵，需要这种灵性的超度历程，才得以渐渐抚平伤痛，这就是一种“非头脑”的叙事灵性柔性疗愈。

被背叛的痛，不只如此

宽恕从来不是头脑的东西。
宽恕是一种“内在”的发生，
当宽恕变成“应然”时，
它反而变成另一只压迫你的怪兽。

前面分享了我们童年被父母背叛的经历，竟然意外地引出许多朋友的不堪往事。我很惊讶：原来，我们都有一个受伤的童年。

回想这几年，在我的个案中，女性朋友体验到的背叛其实比男性多，仔细思索，或许这跟传统“重男轻女”的文化有关。就像上一篇故事里，当女儿被强暴了，父亲不但不疼惜，竟然还要女儿干脆去酒店上班算了。这种对生命的藐视与不尊重，绝对跟性别意识有关。

我的母亲从小学二年级就被迫辍学去卖菜养家，她的哥哥却可以一路念到师专，她为家庭牺牲奉献，得到的资源却最少。那个年代对女性的物化与剥削，令人咋舌。

所有的孩子，其实都以父母为“天”。我们会把父母完美化、理想化，父母是我们的重要他人。天，高高在上，理应提供遮蔽保护。天，理应是有求必应、给我们依靠的。但如果有一天，我们发现：天竟然靠不住、天是偏心的，那就是一种背叛，孩子的世界，于是“崩裂”。

你知道吗？从小我们被教导要乖巧、顺从，那是一种对父母的忠诚。小小的我会以为：当我们对父母忠诚了，理应得到相对的回报才是。但是，有一天，当我发现原来自己不是父母的最爱或“唯一”，于是，心就受伤了，背叛的感觉于是上身。

除了上一篇所讲述的，女性最大的背叛是被强暴了却得不到父母的抚慰，甚至被忽略、指责以外，其实孩子所体验到的背叛，不只如此。

一位朋友告诉我，小时候有一次妈妈带她去市场买菜，当时菜市场人多，结果，一转身，妈妈不见了，她吓得惊慌大哭，当时，她觉得被妈妈抛弃了。这也是一种背叛。她在心里埋怨着：妈妈，你怎么没有把我照顾好？

另一位案主告诉我，小时候有一次妈妈带着她与弟弟去看电影，到了电影院，因为家贫，妈妈不想多买票，但当时一个大人只能带一位小朋友免费进去看电影，于是，妈妈就选择带弟弟进去，然后跟她说：“你自己回家去吧。”母亲的重男轻女，让案主很受伤，她说后来她哭着跑回家，然后躺在床上，抱着棉被痛哭了一整晚。这是一个难忘的背叛。

另一位私塾伙伴跟大家说，小时候有一次她跟妹妹一起玩，她们抢着一个洋娃娃，抢到一半，她想：“我还是让给妹妹好了。”于是她突然松手，却让妹妹当场跌倒，头撞到墙壁。刚好爸爸在一旁听到妹妹哭了，二话不说地冲过去把她抱起来，往沙发里一丢，她被撞得头晕眼花，痛到大哭。

不久，妈妈从厨房跑出来，看到底发生了什么事。爸爸很生气地对妈妈说：“这孩子心很坏，欺负妹妹。”然后，妈妈并没有过去安慰她，也没有听她解释，什么都没说，直接转头进了厨房。“当时妈妈没有帮我说话，让我很伤心，我感觉被背叛了。”她说。

另一种背叛是父亲的外遇。

另一位朋友说，从小她跟父亲感情最好，父亲经常带着她到处走动，看望朋友、旅行，那是她一生中最美好的回忆。但好景不长，小学六年级那一年，父亲有了外遇，他经常去找一位阿姨，从此就很少回家。

父亲的外遇造成家庭的破碎，他背叛了这个家。父亲外遇这件事，也严重地破坏了父亲在她心中“完美父亲”的形象，这也是背叛。父亲的背叛叫她很生气、很愤怒，后来她决定不再理会父亲。几年后，有一天她突然接到父亲意外过世的消息，让她感到一阵错愕，从此坠入深深的罪恶感中。

我本以为丈夫外遇，最感到伤心、觉得被背叛的应该是妻子，后来才发现，不只是老婆，甚至连孩子都会觉得爸爸背叛了自己、背叛了这个家。这种背叛，让孩子感到伤心、愤怒，甚至不想原谅爸爸。但这个“不想原谅”，不但造成孩子跟父亲之间关系的断裂，同时也造成孩子心中深深的罪恶感与痛苦。

当孩子体验到被父母抛弃、背叛，会对心理造成严重的影响。孩子长大以后会很没安全感，对关系的期待与依附也会比常人更多。因此，只要他一遇到身边的人忽视他、欺骗他，过往的背叛经历就会立刻被撩起，同时引爆巨大的情绪反应，我一位案主即是如此。

她的先生两年前有外遇，虽然只是对对方有好感，还没牵扯到性关系，而且先生很快就回到她身边，还对她百般示好，但是没有用的，她就是“过不去”。两年来，一想到先生的背叛，她就陷入一种歇斯底里的疯狂暴怒，三天两头对着先生发脾气，用不堪的话辱骂先生，甚至拳打脚踢，把家里弄得乌烟瘴气。有时，她也知道自己太过分了，但是，她就是无法克制自己的愤怒，因为心里自责又挫折，于是来找我咨询。

想要消除愤怒，第一步就是诚实面对自己的愤怒。请你，承认自己被背叛、承认自己受伤、承认自己生气，并且好好去生气。

只有如实去面对这些情绪，我们才有可能进一步探索：其实真正让我们感到受伤的“源头”是什么。

有时候，外遇事件只是一个表征而已，它不是源头，源头往往来自童年被抛弃、被背叛的经历，那才是真正的“地雷”，才是源头所在。而别人，只是刚好踩到你的地雷而已。

那怎么办呢？

“借此机会去拆地雷呀！”我经常这么说。

这是什么意思？

“就是回到过去，认回过去受伤的自己，并疗愈内在那个受伤的小孩。”这是我的经验。危机就是转机。

借由新伤来觉知旧伤、疗愈旧伤。每一个发生、每一段经历，都是让我们重新看见自己、疗愈自己的绝佳时机。只要你不逃避、勇敢面对，疗愈就会发生。不然，你就会让那个伤痛在不同时机里反复出现。

疗愈的完成，是需要时间的，当然最后都得走到宽恕这一步。但宽恕真的很不容易。请你不要轻言宽恕，尤其当你还做不到时，请不要勉强，不然你会伤得更重。此话怎讲？请继续阅读下一篇，便能明了。

原谅自己不能原谅

一切都必须是自动发生的，
如果你试着宽恕，就变成了头脑的游戏，
而你是无法从头脑里去做到宽恕的。
——《觉醒时刻》

“志建，你说‘疗愈最终都要走向宽恕’，却又说‘不要轻言宽恕’，这不是前后矛盾吗？”有一天，学员K这样问我。

好，宽恕这件事是个大学问，请让我好好说一说。

我承认，宽恕是一种美德，对于很快能够宽恕他人的人，我很佩服。但是，如果把宽恕当作像公民道德那样的规训来实践，恐怕就有问题。

此时，宽恕会变成一种“应然”，变成一种头脑的运作。一旦这件事变成理性的应然，而又做不到时，你就会产生罪恶感。然后，之前被伤害的“愤怒”，加上现在无法宽恕原谅别人的“罪恶感”，这两个东西搅和在一起，就在心里“鬼打墙”（打架、冲突），如此，人怎么可能好好过日子呢？

有一种个案我最常见：从小被父母家暴伤害很深，内心伤痕累累，但外在的道德却告诫他“天下无不是的父母”，父母是不会错的（那一定就是我的错啰）。纵使父母有错，我们也“应该”原谅父母，因为父母已经够辛苦了。你听过这种说法吗?

相信大家一定不陌生。当你也这么想时，就会自动化地忽略自己受伤的感觉与事实，你会把内在的愤怒压抑到某个黑洞里。如此，反而叫人更伤。

不信的话，我再举个例子给你听。

曾有一位案主，她是因为抑郁症来找我的，曾有多次自杀经历。跟我谈了几次之后，我才明白她罹患抑郁症的原因。她小时候曾经被家里的长辈性侵过，后来父母知道了，虽然同情她，却很无奈，碍于面子，“家丑不可外扬”，于是叫她闭嘴，千万别张扬出去。

后来，母亲带她去教会信上帝，结果更惨。因为教会的牧师为了帮助她不要想太多，努力地要她去宽恕别人，还引用《圣经》的话：“我们要宽恕我们的敌人。”希望她可以“忘掉”这件事。

结果呢，忘得了吗？告诉你，不可能的。

“情绪过不去，理性就出不来”，请切记。

生命从来就不是一个理性的运作，如果“妄想”通过理性的教诲及道德的认知去宽恕一个人，忘掉自己内心的伤，根本是徒劳无功。请相信我。

而且当你如此做，还会出现一种危险。

如前面所说，当宽恕变成一种教条、理性的运作时，我们的情绪、愤怒就得被压抑。然而，愤怒是一种很有杀伤力（power）的能量，你压抑它，它不会消失，它会躲藏在你身体的每个细胞里，找机会攻击你。人会活得不快乐、生病，其实都跟压抑情绪有关。因为，情绪需要被抒发，愤怒需要有一个出口。

如果它不是从身体找出口，就是让你心理生病。你听过有一种关于罹患癌症的说法吗？人会得肿瘤，其实跟情绪压抑有关，尤其是愤怒、悲伤的情绪。这就是身体的出口。

我的个案当中很多罹患抑郁症的当事人，大多是压抑情绪的高手。治疗方式无他，就是面对情绪，当你否认情绪，其实也在否认自己的存在。隔离情绪，也同时隔绝了我们与自己的联结，甚至与他人的联结，于是，人活得茫然空洞、缺乏动力。

关闭情绪，等于把自己囚禁在一座黑牢里，不见天日。唯一的救赎之道是：打开天牢，让情绪“重见天日”。

认回自己的伤痛、认回自己的情绪，永远是疗愈的第一步。

所以，我绝对不会一开始就跟我的案主说：“你要去宽恕伤害你的人。”不，请你不要急着宽恕。反过来，如果案主内心充满怨恨，我会鼓励他把怨恨、受伤的感觉毫不保留地说出来。

不急着原谅，做不到原谅也没关系，请你先原谅自己“不能原谅”。

一切宽恕，从自己开始。

不管是我自己的亲身经验或是我从案主身上学到的宝贵教

训，都让我知道一件事：宽恕这件事，是需要时间的，它是一个历程，它不是一蹴而就的。生命是一种“缓抵达”，切记。

不管是学习宽恕或慈悲都一样，急不得。生命不是一种从A到B之间的直线运作，它不像乘高铁，咻一下子，就从台北到了高雄，别傻了，生命不是这样的。

到了中年，年纪越长越明白到：生命是一种迂回、无秩序、无法控制的流动。它绝对不是理性的运作。因此，对待生命，我们只能更加耐心、礼敬、谦卑，你能做的，就是回到每个当下去觉知、去感受。然后，觉知到什么，就是什么。不否认、不抗拒。

当生命不再是“应然”，而是回归它“本然”的真面目时，生命于是就有了转圜余地，生命的出口自然打开。

如同灵性大师巴观所说的，宽恕绝对不是一个认知的积极作为，当你说“我要宽恕”时，这就是一种积极作为。他在《觉醒时刻》一书里提醒我们：“一切都必须是自动发生的，如果你试着宽恕，就变成了头脑的游戏，而你是无法从头脑里去做到宽恕的。”

是的。那要如何才能宽恕呢？

巴观教诲他的弟子：“如果有人伤害你，让你感到痛苦，那就与痛苦在一起。奇妙的是，如果你与痛苦同在，它本身就会转化，当痛苦转化时，你就会宽恕。此时，不是你宽恕了，而是因为伤痛消失了，所以宽恕是自动发生的。”

以上巴观的观点，刚好就是我的亲身经验。在我的私塾或工作坊的“故事疗愈”里，你走的，也是这个历程。

什么叫作“与痛苦同在”？在叙事里，会邀请你说故事、写出来，不逃避、不否认，勇敢面对它，这就是“与它同在”。经验伤痛，才得以转化伤痛；与痛苦同在，才能超越痛苦。请给痛苦一点时间，待在那里，不要急着逃开，时间到了，自然“转化”，疗愈于是发生。

疗愈是在“经验”当中自然产生的事，它不是一种刻意的作为。你越想疗愈，就越无法疗愈。这是生命的矛盾，也是我做咨询的经验。

如果，我们可以先不急着寻找宽恕的大门，愿意先进入受伤的内心世界，撬开情绪的窗口，进入伤痛里面，或许，这才是真正通往宽恕大门之道。

但我们的文化，不是这样教我们的。我们的文化把宽恕当作一种道德规范，硬生生地叫你“吞进去”、要你去“宽恕敌人”，这种理性的积极作为，反而会叫我们再次受伤。

当你跳过了“情绪”，砍断情绪，情绪被压抑到潜意识时，它就开始作怪。

愤怒是一只巨大的怪兽，它是很有力量的。如同前面所说，你忽略它、压抑它，它就会在你身心里找出口，让你生病。

宽恕是无法从理性的认知里获得的。谁不知道：唯有宽恕他人，我们才能从愤怒的痛苦中解脱？难道你不知道：如果不宽恕，我们就把对方挂在心上，折磨自己，叫自己受苦？不，这些道理我们通通知道，但就是做不到。不是吗？

我们做不到，是因为宽恕不是头脑里的东西，它不是“应然”，更不是靠意志力就能办到的事。宽恕是一种“内在”的自然发生，它需要时间，疗伤止痛是需要“分期付款”的，记住。

有一天，当你故事说够了、说透了，疗愈便自动发生，宽恕也自动发生。

到那时候，宽恕“就像燃烧的木头一样，它会成为一缕烟消失”。这是巴观给出的隐喻，我喜欢这个隐喻。我自己就是这样经历的。

我绝对同意：宽恕是最终的救赎之道。但是，在宽恕别人之前，请你记得先做一件事，就是“宽恕自己”。

如果你现在还做不到宽恕，还无法原谅那个伤害你的人，那就请你先“原谅自己不能原谅”，好吗？请对自己宽容一点、慈悲一点，因为，你不能给别人你身上没有的东西。

认回被背叛的感觉

如果没有认回自己所有的情绪，
你就进入不了童年那个被背叛的伤害里。
否认情绪，等于否认伤痛，
否认伤痛，你就无法去疗愈自己的伤与痛。

最近写了几篇跟背叛、宽恕有关的文章，引发读者的热烈回响和讨论，我一点儿都不意外。因为生命里，少有人没有经历过“背叛”这件事，不管是背叛人或是被背叛。

被背叛的人，心痛、很受伤；背叛他人的人，则心里充满罪恶感。不管是哪一种人，日子都不好过。所以，我很高兴能把这件事讲清楚一点，借此，认回所有跟背叛有关的情绪与自己。

自从《不要背叛你的孩子》一文放在博客分享以后，几个星期内，我就收到来自各方陌生朋友的来信，很多人勇敢地告诉我关于自己被背叛的故事。于是我才知道，原来背叛这件事是如此普遍，也如此伤人。

一位朋友（就是前一篇的例子）告诉我，看了文章以后，才知道原来自己童年的伤，不是光被父母忽略而已，而是来自父母的背叛。她说小时候曾被长辈性骚扰，但母亲要她不能说出去，这叫她痛苦万分。自从她读了我的文章之后，把那个“被背叛的自己”给认回来时，心里突然“松了一口气”。

那个“松了一口气”是什么意思？我很好奇。

为什么知道自己小时候的伤是来自父母的背叛这件事那么重要？又为什么知道以后，会叫人松一口气？

后来，我访问当事人后才明白：原来，小时候的我们经常在生父母的气，可是又不知道自己在气什么，甚至有时候，我们更会气自己生气，“我怎么可以生父母的气”，这些怒气纠缠在一起，让人活得很冲突、很受苦。

“现在，当我知道自己为什么生气（原来是母亲背叛我），而且当我知道我有权利生气时，我大大松一口气了。”她解释。喔，原来如此，明白了。

但要认回小时候被父母背叛这件事，着实不易，我们不想承认是因为我们想要保有完美的父母。但如果不认回来，情绪就永远过不去，你的伤也永远好不了。怎么说呢？让我说个故事。

有一位研究生，她的论文就是写自我叙说，写自己的故事，她想认回自己童年的失落经验。这几年，断断续续地写，她写得很辛苦，直到最近要答辩，才勉强完成。

答辩前，她让我看她的文本，刚好里面就写到自己跟父亲的关系断裂，这是一种“失落”没错。

从小，母亲就为了家计忙着出外赚钱，于是她跟母亲的关系很疏离；父亲喜欢喝酒，没有固定工作，到处打零工，在家里的时间比较多，于是父亲跟她的关系比较亲近，从小跟母亲亲密关系的失落在父亲这里得到了弥补。

从小，她就是父亲的小跟班、小帮手，父亲想喝酒，就会叫她去买酒，父亲喝醉了嚷嚷，家里也只有她可以安抚父亲，让父亲乖乖回房睡觉，不再胡闹。

她乐于当父亲的小帮手，如此不但可以亲近父亲，更可以得到父亲的赞美与认同。当然，骨子里是想要得到父亲的爱。

在家里，所有人都跟父亲疏离，包括母亲在内，只有她跟父亲最亲近，也最得父亲宠爱，这件事让她很得意。

但是，好景不长，上了初中以后，父亲有了外遇，跟她的关系也渐渐疏离。后来，父亲搬出去住，跟家人关系更加断裂，让家里每个人都很受伤，而受伤最重的，除了母亲，就是她了。

于是，后来当父亲再来找她、打电话给她，她通通拒绝。潜意识里，那是一种对父亲背叛自己的惩罚。

但惩罚父亲绝对不会让她更快乐，只会让她陷入更深的痛苦深渊里。因为，这样的惩罚，一方面让她觉得自己很不孝，另一方面，却也把父亲推开、离自己更远，让自己与父亲的关系更加断裂。这不是她要的。

几年后父亲因癌症过世，于是她陷入更深的自责、罪恶感与忧郁。

那时父亲住院，她并没有去医院探望，因为心里还是没有办法原谅父亲。但不能跟父亲好好道别、好好说出自己生他的气，这个“未尽事宜”，却也造成她日后不断自责，生活容易焦虑，害怕听到任何跟死亡有关的信息。

我看她的论文，写她跟父亲的关系，我看见有一个她是如此深爱父亲，但也有一个她，却是如此怨恨父亲。父亲的外遇，其实是一种深深的“背叛”。但可惜，在她的论文里，并没有认出这个背叛、认回当初被背叛的自己。

在她的论文里，写到父亲外遇这件事时，写得很淡，轻描淡写，最后只说：我要接受自己是可以生父亲的气的。我一看就知道，这还是停留在“头脑”里的认知，不是发自内心的。内在其实还有一块“东西”，她依然回避、否认，这部分我当然也要尊重。但我也很老实地告诉她，她并没有把当年对父亲外遇的愤怒与伤害做真实的呈现，她还没认回来，这是事实。

压抑愤怒、不敢生气，也让她这几年出现很多身心症状，包括情绪起伏大、经常“当机”没有动力，甚至前几年去做身体检查，还发现有囊肿。

不能好好地生气，尤其对父母生气，这其实跟我们的文化有关。因为文化要我们对父母忠诚、孝顺。我们不能背叛自己的父母。

生气，就是不乖、不好，这是我们文化给予生气的标签，不是吗？没有父母喜欢生气的孩子，于是我们得乖乖地把生气“吞”回去，隐藏起来，继续当回“好孩子”，当好孩子父母才会爱我们，不是吗？

因为不敢背叛父母，不能好好生气，于是我们就生闷气，不然就是对其他人乱发脾气，我们的情绪、情商都很差，但这不能怪我们，因为我们要当“好孩子”。

我请学生好好去面对父亲外遇这件事，不要轻易放过那个被背叛的“痛”。

如果，她也认为父亲的外遇是一种背叛，那就好好把它认回来吧。如果，被父亲背叛让她感觉很受伤、生气，那就更要认回来。不然，这个论文的“故事疗愈”效果，恐怕只有一半，我老实跟她说。

故事不能只说一半。如果没有认回自己所有的情绪，你就进入不了童年那个被背叛的伤害里。否认情绪，等于否认伤痛，否认伤痛，你就无法去疗愈自己的伤与痛。这是心理治疗的真谛。

请不要轻视、忽略我们受伤的心，也不要小看被背叛的痛，很多人在那个伤痛里打滚多年，还走不出来，都只因为：即使父母背叛了我们，但我们还是不想背叛父母，我们期待完美的父母，我们想要当好孩子，可是“好孩子的伤，最重”！

请相信，天下没有完美的父母，当我们接受父母就是不完美，父母让我受伤之后，我们才能认回不完美的自己，并承认有时我们也让父母受伤。

承认受伤之后，我们才能看见受伤的背后，有一个小孩多么渴望父母的爱。

承认受伤之后，我们才能好好为自己疗伤、好好爱自己。

承认受伤以后，我们跟父母的关系才能回到真实里去靠近，不然，我们永远都在相敬如“冰”的表面关系里虚应。

要“破碎”，才有办法“重生”。

破碎的方式，就是打破幻象，面对真实，勇敢承认自己父母的不完美、承认自己拥有不完美的人生。当我们可以勇于面对真实、勇于面对被背叛的伤痛，至少，在那个当下，我们就已经不再“背叛自己”了。

承认自己不喜欢母亲

当一个人可以如实地说出自己的真实感受，
当中，没有罪恶感，也没有批判的情绪，
只是单纯地说出“这就是我的感觉”时，
这表示，疗愈完成了。

好故事永远值得流传。

做叙事治疗，我不只聆听别人说故事，我也十分乐于跟别人分享故事，不管是自己的故事或是我听来的好故事。

赖佩霞曾写过一本书：《回家》。书里，她勇敢地认回自己不完美的父亲（从小抛弃她）、不完美的母亲（从小控制她）、不完美的婚姻（前夫曾经背叛她），当一个人可以如实地面对不完美的人生与伤痛时，一种生命的觉醒与力量，就在当下油然而生。

如果可以把不完美当成自我修炼的利器，把生命的痛与伤，当作今生的功课来修行，于是生命就在当下的觉察里，得以翻新、翻转。

只要来谈的个案有夫妻相处、外遇问题，或跟母亲有拉扯，或有一个缺席的父亲等议题时，我都会介绍他们看这本书。因为，故事本身就充满了疗愈，别人的故事，轻易地把我们带到生命某一个内在的幽微深处里，一个我们不想承认、不敢面对的地方。于是，每当看完书，案主再回来跟我谈时，他们讲出来的话，都不一样了。他们变得更勇敢、更真实。我们的谈话，于是就可以直接深入，进入生命的核心，不用再迂回、否认、逃避。

其中，最明显的例子，莫过于安雅（化名）了。

当初安雅来找我谈时，刚跟男友分手，她感到沮丧、痛心、不知所措。

交往三年的男友最近被她发现劈腿、有小三，让她痛不欲生，她决定跟他分手。跟安雅谈了几次以后，我建议她可以阅读《回家》，看看里面有没有什么“东西”是可以帮到她的。

几个星期后，当安雅再次出现在我面前时，脸上的神情不一样了。有别于以往的哀怨，如今在她的脸上，我看见一种放松的释然。内在有个东西松了。我知道里面一定有故事。

一坐下来，不等我问，安雅马上跟我说，看了《回家》以后，她很被触动、很有感觉，边看边哭。从别人的故事里，她看见了自己，也疗愈了自己。

如同赖佩霞从前夫外遇中对自己的看见与领悟，案主也从男友的外遇中，看到自己内在原来充满了批判、恐惧、掌控与不安全感。最后她说：“男友劈腿我也有责任，是我自己把他往外推的，因为我也是一个充满批判、难搞的人。”

我很讶异安雅的觉察与改变，现在的她，跟前几次一直抱怨男友，把自己放在一个受伤、可怜、被背叛的“受害者”角色的她，完全不一样。

不只如此，安雅也对自己有了更多的发现。

她发现：自己内在的批判、掌控、不安全感等情绪模式，几乎跟母亲一模一样。“我几乎是我母亲的翻版。”她惊讶地说。

然后，她开始说起母亲的故事。

原来，她也有一个不完美的家庭。父母的婚姻关系不好，从她有记忆以来，他们就一直争吵不休。初中时，父亲外面有女人，于是母亲的情绪更加陷入歇斯底里，每天跟父亲争吵不休。最后，父亲干脆搬出去跟那个女人住，不回家，安雅跟父亲的关系，也从此断裂。

失去丈夫以后，母亲每天愤怒、伤心，脾气变得十分暴躁。母亲把对父亲的恨，转移到孩子身上。于是安雅一上大学，就决定离家，她不想每天被母亲无情的情绪攻击，更不想被母亲掌控。

跟赖佩霞一样，安雅对母亲又爱又恨，十分纠结。对母亲，她一直怀着深深的罪恶感，一上大学就离家，让她觉得自己跟父亲一样，背叛了母亲。然而从小到大，她一直很痛恨母亲的情绪勒索、对她的掌控，心里一直批判母亲，甚至看不起母亲，安雅曾说：“我要是男人，也会离开她！”但如此批判、讨厌母亲，让她感到很自责，觉得自己很不孝，罪恶感于是加深。

安雅告诉我，看了赖佩霞的书以后，内心的罪恶感突然得到了释放，她被解救了。

“批评、论断妈妈让我好受苦。”赖佩霞书里的话，让安雅深有同感。

是的，在书里，赖佩霞承认自己对母亲的批判：“聊起母亲在世时，我曾多么忤逆她、不尊重她、瞧不起她，甚至多不喜欢她。我曾嫌我妈多么不登大雅之堂，带不出门，好俗气，讲话粗鲁……”安雅看到这一段时，深有同感。“这就是我。原来，不是只有我不喜欢自己的母亲、讨厌母亲。”她说。

然而，带给安雅最大疗愈的，是赖佩霞书里的这段：

后来母亲过世了，有一天，赖佩霞去给母亲上坟，在母亲的坟前，她敞开胸怀，跟母亲说：“妈，我很不喜欢你呢，这样讲，我也没有罪恶感，不好意思啦，我也不知道为什么会这样，可是这就是我的感觉啦，不然这样啦，以后我当你妈，你再来忤逆我好了。”

啊，原来，我们也可以“不喜欢母亲”喔。原来，我们也可以这么诚实地去表达“心里的话”，而且不需要有罪恶感。

这真叫安雅大开眼界。

如同赖佩霞说的：“说完这些话，我感觉好轻松，感觉我与母亲身上受到的制约又放下更多，更加轻松了。我对之前我们两人的相处方式，更加释怀了。”

当一个人可以如实地说出自己的真实感受，当中，没有罪恶感，也没有批判的情绪，只是单纯地说出“这就是我的感觉”时，这表示，疗愈完成了。

真正的亲密关系，就是你在这个人面前，不需要再遮遮掩掩，你可以真实地做你自己。

当一个人可以这样跟母亲讲心里的话时，其实，这也表示跟母亲之间有了真正的亲密与真正的联结，不是吗？

安雅很佩服赖佩霞，也很羡慕她可以走出对母亲的罪恶感与纠结。

但奇怪的是，从别人的故事里，安雅好像也得到了一种“释放”，内在有个“东西”渐渐松了。

于是，此刻的她，可以在我面前坦承自己过去受的伤，承认自己不喜欢母亲，甚至对当年离家想逃离母亲控制这件事，也渐渐感到释怀，因为她知道：当年的逃家，其实是她保护自己、爱自己的方式。然后，说到这里，她突然意识到：父亲的外遇，是不是也是一种逃家？是不是他也在保护自己？

故事越说越里面，觉察也越深。

当我们可以忠于自己的感觉，并且承认自己其实并不喜欢母亲时，我们就得以统整、不再分裂了。这样的你，于是自由了。

不然，常常有一个“脑袋的我”会告诉自己：我“应该”喜欢自己的母亲（“你怎么可以不爱自己妈妈？”），另一个“内心的我”却对母亲充满怨怼，这两个我，如果一天到晚打架对抗，你怎么过平静的生活呢？

我常跟学员说，如果内在有很多的“我”一天到晚拉扯冲突不休，那绝对是很耗费能量的事。这也是现代人活得辛苦、活得很累的原因。

怎么办呢?

最好的方式，就是把每一个“我”通通认回来，看清楚，才能让他们停止斗争、和谐“共存”。

但这要如何做到呢?

请你“说故事”吧。在故事中承认自己所有的情绪、感受，并把心中的话好好说出来。然后，你就解脱了。让故事结束最好的方式，就是“说故事”。

你什么时候开花，都可以

"你什么时候开花，都可以。"这是多大的接纳呀！
如果天下所有的父母都可以早点跟孩子说这句话，
我想，孩子的问题至少会少一半。

有一次，我在一本书里阅读到这句话："如果你想解决一个问题，就得在自己身上下功夫。如果问题发生在别人身上，那你就问自己：'是我的内在发生了什么，让这个人困扰着我？'"这是《零极限》作者修·蓝博士的说法。这样的灵性观念，我一点也不陌生。

"往内看，回到自己身上去看见，智慧就在其中，疗愈也在其中。"是的。

但什么是"从自己身上下功夫"？这本书给出一种具体的做法，就是"清理"自己内在的负向经验与情绪。怎么做呢？很简单，只要你说"我爱你，谢谢你，对不起，请原谅我"这四句话，就可以清理，就有疗愈作用。

是吗？一开始，我半信半疑。

但我认真评估过：第一，反正它不用花钱；第二，它没有副作用。念这四句话，顶多无效嘛，你不会少一块肉，不是吗？

我是一个愿意实践的人。每次人家说什么东西好用、好吃，我都相信，也都不相信，除非我自己亲自尝试过、实践过。

适合别人的，不见得适合你。“没有唯一的真理”，这种后现代思维的训练，让我对一切的真理（道理），保持开放的心，但也保持某种程度的怀疑，除非它变成我的亲身经验。（这就是后现代强调的“实践的知识”。）

于是我实践了。然后，也有了意想不到的结果。

现在，每次我在跟案主碰面前，都会先静心，心里默念这四句话。

我发现，这样的静心祷告，不只创造了我与案主之间心灵的深度联结，更让我内在充满平和与柔软的慈悲。我也发现，我的心比以前平稳许多，或许这跟最近持续的静心有关吧。

有一天，我跟案主M会谈。当天，我特别提前十分钟进入咨询室，安静地坐在沙发上，闭目冥想，我学习修·蓝博士的做法，先去“清理”这间咨询室。我对这个空间说：“我爱你，谢谢你，对不起，请原谅我。”并感谢它让我使用。

就在我做清理时，当下确实感应到空间给我的“响应”。真的很神奇。然后，我突然有一种清明与平和，随即产生一种直觉：今天会有一个很“不一样”的会谈。

M是一个大学生，因为网络成瘾让他整个生活瘫掉，功课跟不上，每学期都挂掉很多科。他跟这个瘾奋战了很多年，时输时赢，活得很辛苦。

他今天同样提早抵达，在外面等候。一进咨询室，我就发觉他看起来跟以往不一样，M的表情平和许多，不像以前那样神经紧绷、两眼茫然。

我看着他，轻轻地问："这星期过得如何？"

M马上滔滔不绝地告诉我这两个星期所发生的很多新故事。

他说，以前他很喜欢打乒乓球，所以上周他去找学校的乒乓球队教练，请求让他加入乒乓球队，他愿意从陪打员做起。于是现在的他跟着乒乓球校队练球，每天运动、流很多汗，回到宿舍时都很累了，不得不提早睡觉，上网的时间自然大大减少。

不只如此，他发现自己的乒乓球实力真的比队员差很多，而且体力也不行，这可能跟长期打电玩、缺乏运动有关。所以上星期开始，他每天早上去操场跑步，每次跑完后都很累，气喘如牛，但是，他很喜欢这个新改变。

"我终于看见早上的阳光了。"他笑着说。以前一打电玩就是一整个晚上，所以早上他都爬不起来，通常睡到中午。在他的新故事与笑声里，我看到了久违的阳光，很开心。

故事还没完。

这一次M的妈妈也与他一起前来咨询，不过妈妈晚到了，于是先在外面等，等我跟M谈完后，我再邀请妈妈进来一起谈。

M的新故事，很叫我感动，我迫不及待想让妈妈知道。

妈妈一进来后，我让M把这星期的新故事再说一遍给妈妈听，妈妈听完后，感动到红了眼眶。突然，妈妈对着M说："对不起，是我害你变成这个样子的，以前对你要求很多、很严格。"听到这样的话，我跟M都大吃一惊。

是的，M的妈妈是一位老师，也是一个充满焦虑的母亲。从小她对M的功课都是高标准的要求。“如果没有考一百分、考第一名，就等于失败。”M曾经这么跟我说。

M在母亲这样的严厉教养与高期待下，几乎没有童年、没有朋友，唯一的娱乐就是打电玩。

每当他功课写完或考一百分时，得到的唯一报偿也是打电玩。于是，最后当他终于完成妈妈的心愿，考上第一志愿以后，他就不再念书了。他受够了，于是躲进电玩的虚幻世界里，麻痹自己。

M的妈妈是一个严肃、刚强的人，但她刚刚竟然开口跟M道歉，这让我惊讶到嘴巴都合不拢。于是我问她：“是什么让你今天想跟孩子说‘对不起’？”

妈妈说：“刚刚我在外面等候的时候，刚好看到书架上有一本杂志，里面有篇文章在讲亲子教育，那个作者说：‘每个孩子都不一样，就像不同种类的花，无法比较，而每一朵花，开花的时间也都不一样，得顺其自然，父母不能着急，否则会揠苗助长。’过去我就是太急了，才会害孩子变成今天这样。”

“现在我知道了，生命要顺其自然。”然后妈妈转头，含着眼泪对M说，“以后你就用你的速度、你的方式去读书，你要念什么都可以，你要什么时候毕业也都没关系。你什么时候开花，都可以。”

我的眼珠子差点儿掉下来。怎么会这样?

我用眼角余光扫描，看见M的眼里早已泛着泪光。

接着，我也请M响应母亲。

M跟母亲说："现在我知道了，念书不需要再为妈妈念，这让我感到轻松许多。我不会再怪妈妈，但是你刚刚的话，对我很重要，以后我会为自己负责，为自己念书。"M的回应，一样叫我悸动不已。

真是谢天谢地，案主与他的母亲都突然开窍了。天哪，今天是什么日子，这比中乐透还叫人开心。

"你什么时候开花，都可以。"这是多大的接纳呀！如果天下所有的父母都可以早点跟孩子说这句话，我想，孩子的问题至少会少一半。

这次的晤谈，就在这样令人意外的惊奇与温馨对话中，接近尾声。

晤谈结束，妈妈突然又出现惊人之举。

我真是不敢相信自己的眼睛。妈妈站起来，主动走过去，拥抱孩子。孩子吓了一跳，僵在那里。拥抱完毕，妈妈又对着M说："就算你不开花，也没关系。"哇，此话一出，不得了，M立刻哭出来，泪水一直流、一直流。站在一旁的我，也频频擦眼泪。

天哪，今天妈妈是怎么了？怎么会这样，判若两人？奇迹，简直是奇迹。我只能这样说。我从没在咨询室遇到这种突然的大改变。

这次晤谈会出现如此戏剧性的大变化，叫我十分吃惊、不解，但心里很开心。如果你问我，改变是如何发生的？我必须诚实告诉你，我真的不知道。但我也在怀疑，难道是"清理"发生了作用吗？难道是"我爱你，谢谢你，对不起，请原谅我"给出的疗愈吗？

或许吧，谁知道？但那已经不重要了。

不要阻止你的孩子长大

生命的改变，有一种神奇的“联动”，
当一个人改变时，旁边的另一个人自然也会改变，
这种奥妙的“同时性”，就是灵性联动。

我曾经听到一个很棒的故事，一定要跟大家分享。

雅月是几年前曾参加我私塾的学生，她很会说故事。

年初她自己一个人跑到日本自助旅行，叫我十分惊讶，因为几年前她曾说过她有一个梦想，想要一个人出去旅行，如今梦想实现了，真替她感到开心。我知道这次旅行一定很精彩，一定有很多故事，加上我自己也很喜欢旅行，所以特别邀请她到我家来，跟几位朋友分享她这次旅行的故事。

故事果然精彩。

话说前年有一天，她跟女儿从香港旅行回来，在机场时突然有个灵感：“下次我要一个人去旅行。”于是，她转头跟女儿说：“明年我要一个人去日本自助旅行，可以吗？”想不到女儿竟然说：“你想去就去啊。”

好，女儿这一关过了，她心里少了许多负担，不然，她会因为一个人去旅行却把女儿放在家里而感到罪恶。

但过了女儿这一关，却不一定过得了老妈这一关。

前几年先生过世后，雅月就与女儿相依为命，没有再婚。雅月的母亲始终把她当小孩子一样，一直担心她、为她焦虑，每两三天一定打电话关心一次。母亲忘了，女儿已经年过四十，而且女儿也已经当了母亲。或许，在天下所有母亲的眼里，儿女永远是长不大的吧。

但雅月不管了。这次她铁了心，就是要一个人出走、去旅行。

这几个月，她一个人找旅行社、订机票、上网查资料，心中时而满怀欣喜，却又时而充满恐惧，然而对于这次要去日本欣赏安藤忠雄的建筑作品，让她充满了期待。

她本来打定主意不告诉母亲，一个人偷偷跑去旅行，但在出发前夕，她突然想到，不对，母亲经常打电话来，万一打来找不到她一定会抓狂。是的，她的妈妈是一个十分焦虑的母亲。于是，她决定还是打电话告诉母亲。

但要告诉母亲这件事，让她很紧张，想都不用想就知道母亲会有什么反应：她一定会反对，而且大力阻挠。一想到必须“再”去面对母亲的焦虑与阻挠，就让她头皮发麻。但是，又不能不讲。打电话前，她深深吸了一口气。

“妈，我下星期要去日本旅行。”

“跟旅行团？”母亲问。

“不是。”

“跟你女儿一起去？”母亲再问。

“不是，我一个人。”

此话一出，母亲在电话那头立刻惊叫：“你怎么可以一个人去旅行，这有多危险你知道吗？你绝对不能一个人去，立刻给我取消！”母亲命令着。

母亲的情绪反应，完全在预料中。

虽然都在预料中，但雅月的心依然揪了一下。

再次深呼吸后，雅月缓缓地跟母亲说：“妈，我跟你说，这次我一定要去，我知道你一定很担心，但我已经40岁，我是大人了，我可以保护我自己。我本来不想跟你说的，就是因为怕你担心，我才告诉你的。”雅月很坚定地说，心情意外的平静。

雅月说，当她这样告诉母亲时，心里有一种笃定，甚至平静。这次，她没有因为母亲的焦虑或阻挠而感到愤怒或生气，要是在以前，她一定会被母亲的情绪给激怒，立刻吼回去，然后生气地挂电话。

但这一次，没有，剧本改变了。

她只是很坚定、平静地跟母亲说话，她说：“这次，我一定要去。你不用反对，你只要祝福我平安就好。”这意思是，我只是来“告知”，不是来征求你的“同意”，请你，学习祝福你的女儿，而不是为你的女儿焦虑，好吗？

此刻的雅月，展现了一种坚定无比的力量。

我可以想象，当时她跟母亲讲电话时坚定的样子，也因如此，我们都被她内在那个力量震慑了。后来，母亲的口气突然变

第四章

在不完美中
看见生命的美好

受苦是一个宝藏，
因为慈悲藏于其中。
——鲁米

夏　游

正值孩子暑假，好不容易有了出游的时间。印象中，工作后总是如此，难得能够自由支配时间，尤其是成为家长后的建筑人。虽然早就习惯了往返于忙碌的时间表中，可以说是从毕业后入行以来，就是这般情形。但偶尔的放松游玩，总是让人神往而心动。

而作为建筑人的家人，出游，也约等于探亲，常常可以这样说。家人在远方的某个项目上，而且很巧，那儿还有好几个我以前的老同事。那个工程，也属于南通二建集团承建的，也是集团公司引以为豪的大型标志性项目之一。之前，深感好奇，既然从事此行，自然一直渴望能见识到更多更好的工程。而见到这个项目第一眼时，整洁的临时设施、井然的工地秩序等，都远远优于我之前见过的。舒适的工作环境，被盆盆绿色植物点缀着，悦目而惬意。再加上屡屡遇见熟人，整个工地，都让我深感亲切。

天气甚是怡人，很适合去附近的名山游玩。山色间，重峦叠嶂。对于我们自幼生长在平原地区的人来说，素来都羡慕峰林间散落出来的美丽风光。尽情地畅游在大山之内，感受着大自然赐予的神奇之景，同时也享受着最放松的休闲情怀。遇见带着特色的地方建筑时，忍不住想起曾经学过的各地建筑流派之说。于是，

专业，老师上课举例时常常会提到南通，包括单独提及的启东，一再地夸赞着这些地方的人们在建筑上的成就。每每这样的时候，我都情不自禁地坐得笔直，心里洋溢着满满的自豪感。因为全班只有我是来自南通地区的，当然更是唯一的启东人。

走出启东的时候，在一个个陌生的城市里，也会常看到路过的某个工地上悬挂着启东建筑企业的标识牌。在异地在他乡，即使偶然相遇，也会深深地感觉到启东建筑业的繁荣。当自己又真实地身处建筑业里，所见的所感的会更直接。我的身边，有着很多的启东建筑人。漂泊，是大多数建筑人现状的描述，却也正因为此，建筑的魅力让启东人在天南海北大放异彩。一群群建筑之人，从长江入海口启程，走向更远的地方，成了南通、江苏甚至全国的建筑业栋梁。建筑，是个神奇的职业。投身于此，也意味着艰辛与漂泊便开始相伴相随。但它还有种独特的魅力，能让众人用智慧与勤劳，将一个个原本荒芜的地方变成美丽的家园。

往往在外地时，某个场合偶遇乡音相同的人，聊着聊着，便会发现原来彼此都同为建筑业内人。随着时光的流逝，会更频繁地发现启东建筑人的身影四处可遇。也是，正是无数个投身于建筑行业的启东人，才会成就了建筑之乡的美誉。相信很多人都曾为身处其中的艰辛而退缩，但也相信有更多的人坚持继续前行，让建筑成了终生的职业。

任何事，有执着才有可能遇见辉煌。就如现在的天气一样，热烈的温度还没有完全退去，真正的凉爽自然还无法到来，但是流着汗水的一线建筑工人们坚持着他们的信念，一砖一瓦地建设着越来越美好的未来。幸福的感觉，就在不远的前方。

秋雨肆虐

被“菲特”挟裹的这一场秋雨如此任性，出乎太多人的意料。很多人纠结地望着它的肆意和狂妄，渐渐积成了可怕的高度。

一辆辆车初时还能从马路上顺利而过，溅起的水花，让人侧身而逃，并没有如此惊讶。未料，在无休止的秋雨中，大街上滚动的车轮渐渐在水里越陷越深，慢慢地让人有了错觉，它们宛若在水路上划行。朵朵浪花在车轮的辗压下激起了力量，惊呆了众生的眼眸。

暴雨不止，在城市的很多角落里，堆放成了退不走的巨水。低势而建的房屋高度，无声之间变得越来越低，仿佛屈服于雨的淫威之下。这场雨，太过放肆，一不小心便淹了好些城池。

浙江余姚，在“菲特”带来的强雨影响之后，大部分城区受淹。一座繁华都市顷刻变成了泽国水城。上海，很多街道和房屋也一度被浸泡在水中。在网上，第一时间见到了家乡启东所受“菲特”外围特大暴雨带来的影响。10月7日8时至10月8日8时，城区日降雨243.3毫米，东部地区达311毫米，成为启东有气象记录以来日降雨量之最。许多住宅小区被淹，严重的地方积水过膝，甚至齐腰。集团总部所在的建筑业大厦地下设备房和车

库积水至负一层屋顶，大楼因此断电数日，驻大楼内各单位近一周时间无法正常办公。许多友人拍下来的一幅幅实景图片，水如此之深，一张张令人触目惊心。我曾经住过的街道已是一片汪洋了。

雨终于停了，其后遗症却让人久久不能释怀。很多汽车的车牌在水中行驶时都掉落了，所幸还是有那么些好心人会通过各种办法交还失主。但很多整辆车被水浸泡许久的，只能去维修店待一阵子了，据说那几日无论是汽车 4S 店还是摩托车修理店里都空前火爆。住在底层的人们，若是被水侵略了，天气一晴好，更是冲洗晾晒地忙碌一番。

太多的城市内涝，引发了多重的损失与后果，让许多人提出了质疑：其间几分系天灾，几分系人祸兮？到底是什么原因让一场暴雨造成了如此严重的结果？当我听到某某小区被淹，某某小区完好，直觉让人揣测，事关百年大计的城市规划和建设，每一个环节是不是都被处理得当了呢？

其实，在成长的过程中，我也曾屡屡遇见过暴雨影响的事情。在学校时由于地势过低，宿舍被淹是常有的事情，但毕竟是极小范围的，不会觉得恐怖。我在那时就常常在想，是不是在建房屋之前，在城市基础设施规划建设之前，可以把排水系统规划设计得更合理些呢？如果把标准定在百年一遇的水平，城市的内涝也许不会有今天这样严重。其实真能那样的话，就不必每每听见雨声来临时，会聆听见自己心慌的声音。

一缕清风

纵然，太阳高高悬起的时候，空气中的温度依然不减盛夏。但或许是因为已过了立秋的缘故，凉凉的风不知何时，在身旁路过轻拂肌肤。这样的天气，总是让人心生喜悦。

这么久以来，难得的适宜室温，不需要开空调的感觉。直接打开窗，清爽的风从窗户中径直地溜进来，甚至溜进了心里。刚在办公桌前坐定下来，听到的第一个好消息便是，《南通二建》报第七次荣获全国工程建设行业报刊“金页奖”。我还记得去年获得“金页奖”时的心情，那样的时光，仿佛近在咫尺。而此时，又一次的获奖，多么不易，也愈发珍贵。

《南通二建》报的创刊时间，跟我进南通二建集团的时间差不多。刚开始的时候，还不知道有这样的企业报，而后来，自从相遇起，它更与我的生活不可分离。相遇之后的每一期报纸，我都保存着，不仅仅因为大多数的副刊版面上印有我的文字，更因为每一个版面里的信息都贴近着所在企业的生活，有陌生的，有熟知的，但到最后，都会变成更接近自己的生活，更接近二建集团员工的归属感。而这一切，都是正因为这些记录着的信息里，包含着天南海北的项目信息，包含着企业文化的传递方向，包含着

风云人物的平凡故事，包含着普通员工的诗情画意。每一个角度，都可能是我倍感亲切的建筑风情。

平日里，我把它们都叠放得整整齐齐的。今天，我一张张地翻阅着，很多的画面都还记忆犹新。当然，我也能在其中看到自己文字的改变轨迹，从那时不太擅长写建筑风格文字的自己，到如今的文字会情不自禁地沾上建筑的风味。当建筑这个专业，与自己的牵绊越来越多的时候，我的那些文字在兜兜转转间与那些楼房一起渐渐长高。

就像去年《南通二建》报获得“金页奖”的时候，我刚刚正式出版了散文集《遗落的旧时光》。如果说那个阶段，对于文字的态度，我应该还更偏向于纯写作阶段。但是现在，当再一次的“金页奖”获得的时候，我应该更偏向于文化的传播。我想，对于我自身，时光与感悟，是最好的提升阶梯。对于二建报来说，也一样。从那一次，到这一次，又涌现出很多新的企业写作者，从通讯到报道，从诗歌到散文，那是多么值得肯定的进步，那是多么值得骄傲的现实。原来，有越来越多的南通二建人，因为这样的企业报刊，而具有越来越强的集团凝聚力。

或许，秋天在不知不觉间来到了吧。就如眼前的这叠《南通二建》报，即使在时光的变迁中，渐渐有些陈旧。但风起之时，报纸在我手中轻轻摇曳，仿佛享受着秋的清清，享受着风的爽爽。何况，秋天，本就是收获的季节，欣喜沉淀，如获其实。当这个秋天悄然而至的时候，我们以此为新起点，开始为下一届“金页奖”的殊荣而努力了！

微　笑

那天清晨，城市的轮廓微微显露，仿佛也刚刚从睡梦中醒来。我难得这么早出门。清清秋风，浅凉而怡。

此刻，街道上同行的路人极少，更别说平日上班时段所见的拥堵了。寂静、冷清，一路延伸。不过，忽然，耳畔传来一阵欢笑声，清清冷冷的空气顿时热闹起来。我还在判别声音来源的时候，只见他们已经骑车超过我身旁。原来是几个出门干活的小伙子。他们骑着半旧的自行车，后座上绑着工具箱、电动切割机之类的东西。头上还都戴着安全帽，身上的工作服残留着些油漆及白色水泥浆的痕迹。所以，我猜想他们是建筑工人，或许是工地上的，或许是家装之类的。在工地上待过很多年，见到这样装束的工人们，我总觉得是亲切的。

他们一边骑车，一边彼此说笑着。那样的笑容、那样的笑声，在这个时段，打破了清晨的寂寞。忽然之间，赋予了这个辰光一种蓬勃的生机。他们经过我身边时，带给了我生活无限美好的感觉。他们正穿过这个早晨，穿过生活的辛苦，一脸无畏一脸愉悦地向前行进。路过或见到他们的人们，相信也为他们由内而散的快乐所感染。

而我到达办公楼的时候，意外地见到了搭设防护棚的工人们正忙碌着。原来大楼屋面维修，为安全起见，必须在四周搭设双层防护棚。那些工人们认真地工作着，脸上的微笑也似清晨的好天气一般，迎面而来，温暖绽放。尤其四周站立着维护安全的几个工人，并不是冷冰冰地站着，而是善意提醒着路过的行人注意，并指明安全通道的入口方向，脸上满露笑容。

微笑，原来真是一种能够感染人的力量。经过这个场景的时候，心情自然而然地变得更加愉快了。无论什么工种，在用笑意面对时，会让环境变得格外愉悦起来，连同经过的人们的心情。

办公室里的墙面，因为原来外墙渗水的缘故有些潮湿，尤其是窗台下面的内墙涂料多半都起皮、剥落了。最近，物业管理公司派专人来重新涂刷。来的物业维修人员，其实以前进进出出大楼时，我也常看到，但并不太熟，基本形同陌路。但当他们近距离干活时，才发现他们的态度极好。每次进来，都很有礼貌地敲门，脸上也是如沐春风般的笑意。工作的细节，一点也不马虎。墙面基层清理、批腻子、墙面打磨、刷乳胶漆，都精益求精。其实总以为这样的修补工作，比完全地新刷涂料麻烦，也不容易施工。但他们就这样很仔细地进行着，而且每个步骤都很谦虚地等我们认可。我甚至觉得，这样的工作态度比工作质量更值得认可。何况这般认真负责的态度之下，质量一定也没有问题。

笑容的力量是可贵的，在同样处理完一件事情之时，能让周围的人感受不一样的心境。

秋的晴朗，正在继续。而这样的微笑，也正在秋意的风中传递，传递到每一个遇见的人的心里。

胜利日感怀

——2015 年 9 月 3 日中国人民抗日战争暨世界反法西斯战争胜利 70 周年纪念日

2015 年 9 月 3 日，注定是个令人难忘的日子。中国于“纪念中国人民抗日战争暨世界反法西斯战争胜利 70 周年”这一天，在天安门广场举行了一次空前规模的大阅兵。无论有幸成为大阅兵的直接参与者，还是我们这些守在电视机前的普通百姓，这一刻，恐怕用语言都已无法表述出内心的激动。无论你身处现场，还是通过荧屏观看，想来，每个热血的中华儿女都会为祖国的强盛而感到无限荣耀。

这个值得纪念的日子，虽已过去好几天了，但当时所见的气势磅礴，和具体的场景一起，依然牢牢地占据着我的心。心里，是挥之不去的自豪感。即使远在北京，对于国家而言对于世界而言都是重要的纪念活动，但细细而想，和我自己还是有着许多富有亲近感的联系。就像之前我刚去过北京，刚去过天安门，刚见过长安街……阅兵时所走的路线，我都在不久前真实地走过，甚至仿佛还能听得见当初走过的足音犹在耳畔。就像后来知道，阅兵式中某个直升机飞行员，不仅仅是值得称赞的启东老乡，而且居然还是我的远房亲戚。

此刻窗外，淡淡的蓝色渲染着秋季的天空，洁白的云朵轻盈

地飘动。北京的天空是这样令人悦目。纪念活动的主题是“铭记历史、缅怀先烈、珍爱和平、开创未来”。是呀，生活在和平年代的我们应该懂得珍惜生活的来之不易，那是无数的先烈血染之后迎来的伟大胜利。

那天，我和妈妈通电话。母女二人从刚刚过去的大阅兵，聊到了抗日战争。以前，我只知道生前曾任江苏省人大常委会副主任的外公当年参加过解放战争渡江战役。谁知，妈妈这一次在电话里向我聊起了抗日战争的一段家史。原来，外公正是个血气方刚的青年，面对危难中的祖国，他深知不把日本鬼子赶出中国去，哪来安稳日子可过？外公的父母，也就是我的曾外祖父、曾外祖母，均在那段苦难的岁月里遭受了日本鬼子的残害。曾外祖父曾被鬼子用枪打伤，当时连肠子都被打出来了。曾外祖母则被鬼子用枪托敲中过脑袋。他们的房子也被烧毁。总之，提到日本鬼子，母亲便怒火中烧。所幸，曾外祖父、曾外祖母福大命大，都看到了祖国的新面貌，活到了寿终正寝的年纪。据说这段家史，母亲曾在她年轻时写成过文章。那时她在教师培训班学习，将要成为一名光荣的教师之前。当她站在讲台上，读完这篇关于家史的文章，在场的师生们不禁一个个潸然泪下。我想，我能想象出那样的场景，以及那样的心情。因为那些都可以在脑海里还原成具体的场面，让人仿佛回到过去，见到当时的惨烈及悲痛。

然而对于整个国家和民族的巨大苦难来说，那仅仅是极其微小的部分。所以，最终千千万万受压迫的人们同仇敌忾，打败了小鬼子，最终取得了民族独立，并建立了新中国。在中国共产党领导下，我们的国家昂首屹立于世界东方。那是多么不容易的事情！想想曾经在抗战、在反法西斯道路上前赴后继的先辈们，再

想想现在正感受着祖国富强生活稳定的我们，有什么理由不好好热爱生活？有什么理由不好好建设未来？

我一直都很庆幸我所生活的年代国富民安，庆幸沿着外公曾走过的建筑行业的道路作为职业，也庆幸成了外公生前屡屡称赞过的建筑企业的员工。建筑业的众多前辈们，尽管大多都不是从枪林弹雨中走来，但是他们用自己的青春用自己的智慧，日复一日地辛劳着，何尝不让人尊敬。今天，在和平岁月里，我们要铭记历史，开创未来。要倍加珍惜来之不易的幸福时光，立足本职，奉献岗位，为中华民族的伟大复兴，让屈辱的历史不再重演，作出自己应有的贡献。

国之庆典

——写于国庆 65 周年

落叶轻飘，秋意渐浓。在这个季节里，越来越浓的金色铺陈开来。果实压弯了树枝，四处都是丰收的盛景。有时在想，该用什么词语才能更好地描述这些呢？其实，这个季节里，我的心里总是会藏着一个热烈而又祥和的节日——国庆节。

说起这一个节日，总会让人感觉精神提升、心绪高昂。这或许跟我的记忆相关。我所记得的，是国庆佳节除了与国定假期相关联之外，还总会有彩旗飘扬、鲜花锦簇的场景。那些逢五小庆、逢十大庆的国庆节，电视屏幕里直播的壮观的阅兵仪式，一直与国庆节相连。每每看得心潮澎湃，而且记忆深刻。就算那些盛大的场面，离我很远，离现在也很远，但一切又都宛若眼前。

今年，是国庆 65 周年了。这些年来，我们的国家经历了沧桑，经历了改革，经历了传承，经历了很多成长的过程中必然感受的。但带给人民的，是更好的未来。太遥远的，我不曾经历过。但从我懂事起至今，我们的国家已经发生了翻天覆地的变化了。国泰方能民安。在中华人民共和国的强国梦里，有我们憧憬的美好生活。

国庆带来美好的另一种含义，是它相连的往往是年内少有的

小长假，所以，对于工作多日的人们来说，也很乐意在这样的假日里，约上三五好友或一家几口一起出行。再退一步讲，就算在家宅着，也可以做些假期里才能做的事情。总之，哪怕只是想起来，也会觉得惬意放松的时间。

不过对于建筑人来说，无论国庆是以前的三天假期也好，还是如今的七天长假也好，真正能像别的职业一样去享受假期，其实还是极少一部分人。办公室行政人员还可行，但工作在一线岗位上的工人们，一旦项目正式开工后，就如离弦的箭一般，不能想停就停。这应该就是建筑业所有的职业特点了。以前，我在工地上的时候，没记得享受过年年重复的假期，当然包括国庆。直到后来，工作的性质偏向办公行政了，偶尔能享受下这样的假期，往往还带有一种奢侈的味道。

不管是假日里继续忙碌着的建筑业或服务业的人们，还是假日里尽情地享受着休闲生活的人们，其实都是在陪伴着共和国一起成长着。一个伟大的国家，总是由一个伟大的民族坚持不懈的奋斗支撑着。每逢国庆，无论你我，都曾无数次为祖国的成长进步而激动过自豪过。

国庆之典，正值秋高气爽的时节，人们的心头也是绚烂无比的。面对这个富有喜庆的节日，相信，我们的生活将更加美好！

感慨之余，就是对共和国的感恩和祝福！

行　走

不知道从何时起，流行起了健身走。仿佛一夜之间，遍地开花的感觉。周围相熟的人群中，自然也是有很多人趋之若鹜。说实话，最初的时候，我处于无动于衷的状态。或者，更确切地说是心有所动但身未有动，纯粹只是萌生了以后也要多走走的想法罢了。时光慢流，很快连这点想法都模糊了。

记得大约去年这个时候，也是春末夏初之际，爱人的单位组织职工健身走比赛。每个职工的手机里都下载个相同的计步软件，可以在线直接统计出每日步数的职工排名，为期差不多近两个月。我呢，瞧着有意思，也下载了软件在手机里。有了这么个小软件藏在随身携带的手机里，第一时间就可以大致知道自己的运动量。之所以说大致，那是因为经过一些小小的试验，软件也不能达到百分百的准确，但对于我的日常健身需求，足以达到督促和激励的作用了。

每一天都看着软件内的步行数变化着，有时几千步，有时上万步，光阴便不知不觉在步履之间穿梭而过。渐渐地，也不再依赖软件。毕竟，手机也不可能随时不离身。但有些习惯却随之养成，没有过分刻意，空闲下来就自觉快速走走或者小步跑跑。其

实在学生时代，就比较喜欢运动，体育成绩也一向优良。只是近年来，生活的忙碌，或是年岁的增长，慢慢遗忘了这样的方式，常常长时间地坐在办公室里懒得动弹。

某一天，办公楼突然停电，而我急于出门办事，没有办法乘电梯，唯一的选择就是步行下楼。二十几层的楼梯，向下而行，倒也很轻松很迅速地完成了。办完事回到办公楼，大楼里已经正常供电。但我却兴之所至，依然选择了楼梯步行，一级级地徐徐而上。有些楼层的楼梯间内灯光昏暗，这样的感觉一下子让我回想起旧日的类似场景。

记得刚参加工作时，我在项目部工作，常常会去正在建造中的大楼里转转，通常需要走楼梯。而那时的楼梯，基本都是灯光昏暗，时不时地还堆放些建筑材料。我得一级一级地无比小心地走着，而且通常一连走个十几层，也是非常正常的事情。时至今日，当我重温一口气走上二十几层楼梯，倒也没有气喘吁吁，反而是回味到一种久违的心情，熟悉而亲切。

曾经绕着工地一圈圈地行走，或者沿着项目的楼梯一层层地步行，都是记忆中深刻的一种存在。当相似的场景出现的瞬间，记忆便刹那间回涌而来。

后来，获悉爱人单位的健身走评比结果，心里有一种无言的感慨。他们的单位也是建筑公司，比赛名列前茅的果然是项目的一线管理人员——施工员、安全员，他们每天平均的步行数是三万。也难怪，无论刮风下雨，无论寒暑易节，他们都是不停巡回在施工现场的一线建筑人。

其实，普通的生活，经常跟职业紧密相连。因为职业，因为是一个建筑人，健步而行，也成了工作的一部分，无须刻意，无须矫情，我们就在行走中演绎着自己真实而平凡的人生。

记忆中的启程

冬的寒夜里，穿过启东五光十色的城区，灯光沿路璀璨。很长的时间，我都不曾去过的西郊，在此时，慢慢地在灯火辉煌中重现眼前。望着这一路上一闪而过的种种街景，熟悉与陌生掺杂在一起。那些景象，形成了特定时间的特别感受。

这是一条我曾天天来回路过的宽敞街道。路旁树木排列的感觉，让我的内心不由得滋生出亲切感。只不过拆去又新建的楼房、关闭又新开的店铺，同样交错在视线里。那样的场景，又是极为陌生的。

当启东体育馆进入我的视角范围时，我不禁怦然心动。凝视着久违的它的模样，我的回忆一下子就退回很多年前。那时的我青春年少，刚刚踏上工作岗位。那是我第一个真正意义上接触的工程项目，也是我唯一全过程感受过的工程项目。从打桩挖土开始，一天天见证着它成了竣工后的样子，成了我记忆中极具代表性的地标建筑。

此刻，看着它在夜幕下，依然是清晰可见展翅腾飞的姿势。闭上眼，其实能回想起它全部的建筑轮廓和外观配色，也能回想起我的职业生涯从它出发的种种片段。总之，是因为它，我走在

了建筑专业相伴的人生道路上；也因为它，我遇见了携手走入婚姻殿堂的爱人。无论对谁来说，专业与婚姻，都是极为重要的两个存在，我则都是在参与建设启东体育馆时相遇了。所以，可想而知它对于我的意义。记忆的闸门也会在重逢它的时候，再次被迅速打开。

说来也巧，就在前几天，我在网上正好看见某个朋友发了张启东体育馆内部的照片，是二楼的比赛场馆。虽然照片上只是局部，也没有地方可以显示这就是启东体育馆，但是我还是一眼就认出了它。我很确定地说，这是启东体育馆吧。朋友回答说，是的。对于每一个建筑人来说，无论现在身处何方，身居何职，但对于第一个接触的项目，都会深深铭记，不敢忘怀。我在那时，相当于开始进入启东的建筑行业，很多建筑业内人士的相识都从那时开始，很多建筑业内公司的熟知也都从那时开始。包括我现在所在的建筑企业，当时也是频繁听闻。多年后的现在，我置身于建筑业的集体之中，回想着最初的感觉，觉得从那时到现在的岁月，也都是用时光的砖瓦慢慢牢砌而成的。

车子在行驶，向着目的地继续前行。藏在夜色浓浓里的体育馆，自然很快就远离了视线范围。但那相逢的瞬间，却已在心间定格。和记忆难舍难分的，是关于美好青春的深刻怀想，是关于初涉社会的深入体验，是关于建筑行业的至深情怀。有时候，就那么不经意地邂逅，就可以唤醒仿佛沉睡的久远，那些原本就静止成永恒的事实。一个个始终存在着的生活场景，一幢幢始终巍然的标志建筑，就成了心动难忘的现在。那是因曾经而建筑成的现在，都从记忆中欣然启程。

冬日轻吟

温度，随着冬天逼近的脚步，一点点地低入尘埃。风吹过脸庞，冷漠的寒意直抵心底。即使，明媚的晌午，阳光无限，却依然加热不了周围游离不止的空气。

日子，慢慢地走进冬的深处，时不时地，就让人感觉到更深的寒冷。些许裸露的肌肤，不可避免地感受更真实的凉意。这个时间，已经接近这一年结束的时刻。各式各样的总结、统计报表接踵而来，都提醒着悄然而至的变化，到底是靠近年底了。

在建的项目，也接近尾声，时不时地需要办理一些竣工的手续。很多事情，不一定需要我自己去做，但耳闻目睹之间，却有了熟悉的怀旧之感。曾几何时，自己也这样身处项目之内，为项目的结束而忙碌异常。那时的自己是如此年轻，甚至可以说是年少，青春多么美好！记得，刚刚踏上工作岗位的时候，学校里所学的书本知识，并不能完全对应现实。就算现在，我也还能清晰地记起那时的心情，因为那是自己走向社会的起点，那时的选择，对自己后来的生活起了不可改变的深远意义。真正地接触工程之后，才发现，其实我，对整个项目的流程茫然不知，学校里书面的理论，一时之间并不能转换成具体的领悟。可我凭着青春的热

情，还是尽力而为地学着了解每一个过程。现在想来，深入工地现场，势必是自身进步的最好方法。

如今，项目上所办的种种手续，提及起来，都是那么亲切。现在的我，即使因为工作侧重点的不同，我与施工现场已经有些距离，但曾经的记忆却深刻而鲜明地存在着，所以，发现自己的生活与建筑越来越相溶了。

随着时间的流转，在这一年结束的时候，距离公司不远的项目也正式竣工。正因为它与公司的临近，所以，自始至终，它与别的项目不同，我与它的众多过程有着更多的交集。开工时为它而忙碌的日子，依然历历在目。而近来的日子，我又为了它的结束而在政府各部门间来回奔波。自始而至终，感觉这样的过程里，自己与它始终同行。纵然，中途施工的详细步骤，我并没有身处其中，但似乎它的细节一直在我的生活里存在着，我就看着这个项目渐渐地在岁月流转间完工，并交付使用。

冬意悄动，带着点滴的心情，珍藏着所有感受过的心境，慢慢地向新的一年走去，相信来年会有更美好的春阳明媚。

与企业同行

人生中，会有很多的时候在工作。而工作所在的企业，自然成了生命中不可分割的部分。

以前，还没有从学校毕业的时候，对工作状态一知半解，对于未来只有憧憬，没有更具体的概念。那会儿，总觉得自己的努力更重要，任何困难都将阻挡不住想要前进的心，别的因素根本就不重要。对企业的概念，大概只有好与不好两种最简单的评价。而判断的依据，也许是更接近于武断的直觉，或者是道听途说的片段罢了。

但事实上，只有工作过了，才会感受得出工作环境对自己的重要性。一个积极向上的企业，一个团结温暖的企业，一个重视人文的企业，才是自己真正可以发挥潜能的地方。能让自己心存依赖、心系牵挂的企业，也一定会是让自己不停进步的地方。

因为有好的同事，有好的领导，有好的管理思想，有好的工作氛围，所以，才会有越来越多的员工愿意以企业为荣。生活，对大多数的人来说，大抵是平凡的。但对每一个个人而言，我们自己的平凡生活却又是全部。因为遇见了适合自己的工作，遇见了适合自己的企业，所以，才愿意安心下来，才愿意拼搏起来。

本该普通单调的生活开始变得熠熠生辉起来。我们身在其中的每个人，可以照亮彼此，可以温暖彼此。而这一切的由来，都离不开企业这个大集体。

有时，会思索自己为什么在这家企业，而没有在别的地方工作，脑海里会不由自主地想起张爱玲写下的那句，“于千万人之中遇见你所要遇见的人，于千万年之中，时间的无涯的荒野里，没有早一步，也没有晚一步，刚巧赶上了……”其实，仔细想想，对于陪着我们成长的企业来说，就套用这句话的意思，居然也很适合。怎么就这么巧，遇见的是这个企业，而不是别的？多么难得的缘分。那又有什么理由不去好好珍惜呢？

一路的同行，也是一路的成长。于企业，于自身，都是如此。我们在企业的发展中获得了自身提升的空间，也获得了不断成长的珍贵。企业，也因为我们的积极向上而变得更强大。是呀，就是因为这样的暖暖互动，就是因为这样的眷眷深情，才能与企业一起共命运，一起共奋斗。而一切的源头，都来自对企业的信任。相信，这样齐心同行的过程也一定是快乐幸福的。

在企业中，每一份付出都有目共睹，每一份才华都施展有地，那是多值得感谢的事情。谢谢没有早一步也没有晚一步，就遇见了你，遇见了这样的工作环境，遇见了这样的企业氛围。是企业滋养了我们每一个人的心灵，也滋养了我们每一个人的生命。

静静地想一想，与企业一同前行了这么久，原来收获也这么多。在不知不觉中，自己一直是成长的姿势。那么，就在未来的日子里，继续感恩地与之同行，然后一起变得更好！

绿意的未来

和煦的阳光，照耀着每一寸土地。这份迟来的温暖，终于唤醒了冬眠已久的树木花草。只见原本枯干的树枝上，情不自禁地冒出了新芽，绿油油地惹人喜爱。毫无生气的地方，忽然又开出了缤纷的花。路过时，见到这些春的景致，不禁格外欣喜。

谁说城市总是一成不变、枯燥乏味的？其实，每一日，每一季，都是不可复制的。怀着一颗善于观察的心行走，一定能发现流逝远去的日子里，所听所见的，原来都是微妙变化而成的。

高架依然蜿蜒雄伟，向城市的四面八方伸展着。更多的时候，我都会在高架下侧经过，仰望时映入眼帘的，莫不是纵横交错的它们。看似单调无味，但却因为沿口处悬挂的植物，跟随着高架延伸的方向，一年四季的绿意盎然。而春走近时，那种绿色分外动人，饱含生机。爬山虎攀附在路旁的建筑物上，早先颓废着。这会儿，沐久了春天的风，重新散发出生命的色彩来。被钢筋水泥包围着的城市，因为它们的点缀，显得特别活力四射，让人忍不住心情灿烂起来。

不禁想到前几日看到的一篇文章，是关于展望城市规划方向的内容，立体绿化将与建筑“血脉”相通。说白了，就是冷冰冰

的钢筋混凝土搭建起来的高楼大厦，尽可能地利用边边角角，以形成姿态各异的绿岛。如今，环境污染日趋严重，对城市来说，减缓热岛效应已经迫在眉睫了。立体绿化无疑成了既美观又实用的方式。

而立体绿化，简单的四个字表述，却绝不仅仅是绿化部门的事情。其实它在建筑设计阶段，就应该考虑承重、排水、防水等一系列问题。当建筑设计从绿化开始起步，在未来的四季里，由钢筋混凝土浇筑而成的屋宇，将被生机勃勃的绿色植被相伴。那么，愉悦的不仅是视线，还有更多的会是我们未来的美好。

小时候的自己常常会幻想，能够拥有一间房子，屋顶、墙都是藤蔓攀爬而成，地面是青青的草地，大片的绿色里还有些漂亮的小花盛开着。想象中，觉得那样会是很理想的向往。现在想想，那时的自己，或许是童话故事看多了。不过，那时候，恐怕也没有想象过现在的世界里，会四处林立着那么多的高楼。

城市里，到处都是高楼环绕，这已经是不争的现实。但我们可以做的，还可以是让建筑覆盖上绿意的外衣，让环境变得好起来。越来越多的花颜，在春天绽放了；越来越多的树姿，在春天挺拔着。立体绿化，还需要更多更多的春夏秋冬去实施，也需要更多更多的专业机构去完成。但这样改善环境的前景，并不遥远。愿我们，此刻也好，以后也好，都行走在为那个方向努力的路上。

职业之光

总以为，在职业之内，有种耀眼的光芒会让人情不自禁、心甘情愿地为之奋斗。而那种吸引，可能是父辈们在不经意间给予的。

某天，看见文章中提及的对比：国内颇为成功的企业遭遇后继无人，而国外，名牌大学优秀生自愿毕业后回归家庭小作坊。这其中的区别只在于创业的父母营造的氛围不同。国内的教育是读书的时候只需读书好，企业的繁华兴衰与孩子却并无太多关系；而国外的那个家庭小作坊让孩子由衷喜欢，是因为孩子自小就身处其中，那是一种生活的环境，是与父母、与家庭共同体验个中滋味的生命重要组成。

读完此作，沉默良久。反思自己的教育，我从不刻意拒绝女儿接触我的职业、我的世界。我们处于某一行业，很多时候更能近距离地看到本行业存在的弊端，而更远地羡慕和憧憬其他行业。遥遥而望，总会滋生一种不可言及的美。

常听我女儿说，长大了要学建筑设计，天马行空地说她以后要设计出什么什么样子的建筑来。纵然，那些想法充满了稚嫩、梦幻的味道。但我每每听着，心里总是引以为傲。作为建筑人的

孩子，愿意继承父辈们的职业，怀着无比的憧憬，兴高采烈地向着那个方向渐渐努力，那有多好。

我想，这一切，也源自从小到大，我们从不会因为职业的奔波辛苦，而刻意地让她远离建筑业。记得孩子十来岁时，与我同去书店，发现她并没有去挑以往喜欢的漫画书，而是挑了几本关于建筑速写的书，回家后也有模有样地模仿地画着，我禁不住心下欢愉。后来才知道，是她无意中翻见我二十年前的建筑速写本，让她产生了兴趣。那时，她还很小，已见惯计算机辅助设计软件绘出的图纸，对建筑的空间感觉有时甚至胜于我。就算看电视时，见有装修类节目，往往都不愿意再移转视线。对此，我常常觉得建筑装饰专业毕业的自己，对于这个行业的热爱远不及女儿。可看着这些，我想，这么小的孩子就有如此明确的愿望，而且在长大的过程里，始终保持着这样的想法，以后真正踏上职业之路，应该不会偏离太远。

如果建筑人的子女，依然能从事父辈的职业，未必就是滞后停留，反而，我们可以毫无保留地分享曾经的收获，而孩子也会在飞速发展的社会中吸收更多的能量，他们未来的职业道路一定会更宽更广。父辈级的人们所能做的，就是把职业内的光芒用一种阳光的方式传递给下一代。

工匠精神

静悄悄的时光里，正好看到QQ群里一篇关于工匠精神的文字。细细读完，不由地想起前段时间与女儿都超级着迷爱看的纪录片《我在故宫修文物》——讲述故宫稀世文物修复故事的同时，着重表现了文物修复师们的工匠精神。很多人都感慨，这是我们这个时代大面积消失的品质；而我却依然发现，周围普普通通的人群里，保持着这种精神的并不少见。

纪录片中，看见某位修复师专注的神情，我跟女儿说，你看看像不像外公？她连连称是。在我印象中，忙忙碌碌的父亲，常常这样认真地干着活。家，基本就是他长期的工作室，虽然可以将他的职业划归于美工、广告之类的行业，但是油漆、木工等活也是经常涉及的。即使退休之后，他也始终处于闲散不住的状态。前两年拆迁后搬入新房，除了必须请专业装修工人来做的活儿之外，他几乎全包了。普通的木材在他的手里，几番琢磨就可以变成比预想更漂亮的橱柜。

更让我觉得惊讶的是，女儿某一天忽然对我说，哪天我有空了要跟爷爷学学榫卯结构。她爷爷年轻的时候，应该是一个很好的木匠，只是现在已是多年未碰，再说了，十几岁的小姑娘想学

这个，我还是深感诧异的。许是建筑家庭出身的她，从小就对建筑专业有着特别的亲近与喜欢，如此说来也在意料之内。

因此，一起收看纪录片时，我随口说道，既然你喜欢建筑，那你以后专修古建筑专业吧。她的双眉跳动了一下，看来，她是心有所动了。榫卯结构除了在家具中广泛应用之外，在中国古建筑中运用也颇多。她平时特别爱做手工，每每动手，都是全神贯注，颇有工匠精神。对于所制作的每个小物件，总是精雕细琢，稍有瑕疵便会返工或者重新来过。严格、专注、踏实、精益求精……这些体现在她身上的品质，正是任何一位工匠所需要的精神。

这种工匠精神，应该不仅仅是老一辈才具有的，更值得如女儿一般差不多年龄的青少年传承。虽然现在信誓旦旦的她，一心念着将来读建筑专业，但在真正从事之前，谁也不能确定。不过，我相信，如果她一直在以后的学习和生活中，保持这种潜在的工匠精神，孜孜不倦地努力，全力以赴地拼搏，她一定会实现自己的梦想！我更深信，他们——拥有青春梦想的年轻人，若能在追梦的路上，始终保持着那份工匠精神，定能将细节、品味及创意发挥到极致，也必能将这份精神演绎成最华美的绝唱！

跋

说了许久要给你的第二本散文集写跋，拖了很久才动笔，真的十分抱歉。说起写到真的落笔成字，中间正好隔了我的中考阶段。不过也正因为如此，我觉得这个时间点很有意思。小升初时，你的第一本散文集出版，当时的激动心情似乎还未散去，转眼之间我已初中毕业了，而你的第二本散文集也将出版了，我与你同样是四年磨一剑（上海初中四年）。

仔细想来，这四年忙碌而平淡，但于你于我都有成长，而且如我们所愿，我们都在向着美好的方向前进。一篇篇地看完你这一次的散文集，觉得相较四年之前，你的作品又有了许多的进步。就如我之前期待的那样，我觉得妈妈你是完全可以写出更加精致的作品来的。

《如此生活如此爱》这本书中四大章节之内，多多少少都记录着我与你在一起的时光。这四年来，我们一同路过的风景，一起成长的历程，都已化作文字留存在这本书中，也化作甜蜜回忆留在了我的心中。这些年，我与你一起读书。因为读书，我们结识了更多的伙伴，我们的人生更加充实。

你在书中说，你想成为让我引以为豪的母亲。其实我想说，

一直以来你都是让我自豪的母亲，无论是我幼时的那个平凡的你，还是如今已经小有名气的你，一直让我骄傲。我也确信，将来的你，一定是我更大的骄傲。感谢成长路上有你一路相伴，让我活得如此幸福，让我相较同龄人要自由轻松得多，因为你并不十分在意成绩，而是更加注重培养我的兴趣，让我成了同学们口中那个多才多艺的姑娘。感谢你将我的成长用文字记下，让那容易被时间抹去的回忆，得以永久的保留。

对于最后一章的内容，我想说，因为有你、父亲、爷爷对我潜移默化的影响，也因为你热爱读书，家中你添置的建筑类书籍早成了我闲时翻阅的主要对象，因此我也喜欢上了建筑——这个多数女孩子并不太青睐的职业。我希望这个目标不是遥不可及的梦想，我希望能与你、与我们这个家族中多数的人一样，从事同样的职业。

许多人都说我和你的文风相像，总会有人觉得我的许多文章被你大幅度改动过。我想我与你的风格如此相近，不单单是我喜爱你的风格，而是为人处世、言谈举止之中，我已深受你的影响。腹有诗书气自华，你阅读的经历使你谈吐有佳，而我因为与你朝夕相伴，你的言行早已渗透我的生活，所以我与你的思维几乎已经同步。我很是欣喜，就算总被误会，我也很高兴与你能拥有一样美好的想法。

你是我的好母亲。作为你的女儿，我更愿意你用心灵去感受美好的事物，去创造属于你有感而发的文字，而我也会紧跟其后。

女儿　郁煜淑婷

2017 年 8 月 7 日立秋子时写于家中

这几年从事“改写”生命故事的疗愈工作，我经常会跟学员说：“你无法改变家人的，放弃吧，你唯一能改变的，是自己。”

当我们好好说故事、如实面对自己时，我们就疗愈了自己。当我们疗愈了自己，自然而然地，同时我们也疗愈了“关系”。

就像很多人写了父亲、母亲的故事之后，会惊讶地发现，父母也在我们叙说故事的历程中，悄悄改变了。这是在私塾中经常发生的事，至少我自己的经验正是如此。

我的母亲这几年个性温和许多，也变得比较容易体恤子女，这绝对跟我长年书写母亲的故事有关。我知道：当我疏通了自己，我的母亲也同时被疏通了。一切疗愈，由我开始。

当雅月讲到打电话跟母亲说“这次我一定要去”时，脸上展现了一种无比坚定的自信，我当场立刻回应雅月：“喔，女儿长大了，而且变得好有力量。”

所以当雅月旅行回到家，她也惊讶地发现：“咦，我的女儿也长大了。”对于这样的“生命联动”与同时性，我一点都不感到讶异。

我常说：往往最阻碍儿女长大的，就是母亲。这是我多年来的发现。

焦虑的母亲就会养出焦虑的孩子。一旦母亲安稳了，对孩子充满信任，孩子日后便能安稳度日，不用再惶惶不可终日了。

陪孩子走路回家

那条回家的路，
给出了孩子活生生的在地故事与在地经验[1]（知识），
如果不是通过这样的相随与陪伴，
恐怕关于案主生命的丰富与奇特，我们永远不得而知……

D是我的好友，他也是做叙事的，尤其对于运用叙事陪伴孩子这件事，他实践得很好。有一次，他告诉我一个很美的故事，这个故事充分展现了叙事“存在性相随”的美感。

他说，有一次到一所小学做咨询，跟一个单亲、就读四年级的孩子谈了快一个学期。接近学期末时，有一天，谈完后刚好是放学时刻，D随口问孩子：“你要怎么回家？”因为他突然想到，别人家的孩子放学可能都有父母来接送，而他呢？母亲在餐厅做洗碗工，不可能来接他放学，于是他想：要不要顺便载他回家？

孩子跟D说，他每天都是自己走路回家的。单亲又是蓝领阶层的家庭，家里没人，妈妈要打工，回到家也是一个人，所以孩子说他不急着回家，他通常都会边走边玩，慢慢走回家。

1　在地故事、在地经验：当地本土的故事与经验。

孩子的回答让D有点心疼。但D也感到好奇，他是如何“边走边玩”回家的？于是，他问孩子：“今天我可以陪你一起走路回家吗？”

当下，孩子瞪大眼睛，有点不敢相信自己的耳朵，愣在那里，好几秒说不出话来。

“如果你愿意，我今天想陪你一起走回家，可以吗？”D再次征询他，轻轻地，怕吓坏孩子。

孩子点点头，脸上露出难得的笑容。确定了老师的善意，孩子没再说什么，拿起书包就走，D跟随在后。

“一走出马路，这孩子就变了。”D说。

刚开始，还有一点儿腼腆，不好意思，如同这孩子在咨询室的表情一样。“但是，当我跟他一起并肩走在马路上时，孩子的脸变得轻松、偶尔出现微微的笑容，甚至，最后走起路来像小鸟一样，蹦蹦跳跳的。”

D说，一路上孩子开始跟他说故事。这些故事，是咨询室里听不到的。

“我通常会在这家漫画店看漫画，等妈妈回家。”经过漫画店时，孩子随手一指，这么说。

“老师，王家伟住在那个巷子里。”

“王家伟是谁？”

“他是我最要好的朋友啊！”孩子开心地说，脸上马上露出阳光般的笑容。

“老师，你要小心喔，那里有时候会出现一个‘遛鸟侠[1]’……”经过另一个小巷子时，孩子跟D这么说。D很讶异，转身问他：“你会不会怕？”

“才不怕呢，你不要理他就好了，他不会对你怎么样啦，他只是爱秀而已。就像有时我也会作怪，让我妈妈注意到我，哈。”

D十分惊讶孩子可以有这般的洞见与辨识。他，不是我们大人想象中无知、无能的小孩。D的发现不只如此。

经过一家冰激凌店时，孩子不禁望进橱窗里，在门口停了两秒，才转身说：“这家的冰激凌，我最喜欢吃了，不过要等下个星期才能吃。”

“为什么要等到下星期？”D问。

“因为我家没钱啊，妈妈赚钱很辛苦，每天只给我十块钱（台币）零用钱，所以我得慢慢存够钱，才能买啊。我计划通常两个星期去吃一次。”孩子解释着，脸上立刻显露出吃到冰激凌的幸福笑容。

D红了眼眶，立刻拉着孩子，走进了那家冰激凌店。他跟孩子说：“老师今天很想吃冰激凌，你可以陪老师吃吗？”

走近柜台，D又问：“你可以向老师推荐，哪一种口味最好吃吗？”

1　遛鸟侠：裸奔的人。

孩子从一脸惊讶，立刻转为惊喜，大声喊："巧克力！"

"小姐，我要两个巧克力冰激凌。"

走出冰激凌店时，两个人手里各自握着一个巧克力冰激凌，边走边舔。香浓的巧克力，融化了孩子的心，此刻孩子脸上露出幸福的微笑。

吃完冰激凌，孩子拖着D走进了一座庙，那座老庙，刚好矗立在街口。

"做什么？"D好奇地问。

"去拜拜啊。"孩子简单地回。

在对着土地公拜拜的同时，孩子转头跟D说，妈妈经常带他来这边拜拜。

"妈妈很喜欢拜拜，每次跟菩萨说完话，她的心情就会好一点。"孩子又说，"我也喜欢拜拜，因为我喜欢看妈妈开心的样子。"

看着孩子双手合十、专注对着菩萨膜拜的神情，D心里又是一阵感动。

离开土地公庙，又走了五分钟，才到孩子的家。那个家，是一个起码有30年以上历史的老旧公寓，剥落的外墙说明了一切。房子还是租的。

孩子从身上掏出钥匙，熟练地打开铁门，邀请D："老师，你要不要进来坐一下？"D看见孩子眼神里的期盼，二话不说，跟着走进去。

D走进了公寓四楼，里面不大，二十多平方米，家具看得出都是有20年历史的旧家具，不过屋子里还算干净、整洁。

孩子给D倒了杯水后，立刻冲进厨房。“老师你等一下喔，我要先去洗个米，马上就好。”喔，学习帮忙做家务，是身在蓝领阶层、单亲家庭的孩子必须具备的基本能力。这让我想起了小时候的自己。

故事听到这里，我也红了眼眶，我看见了小时候那个孤单的自己。

D说，那次陪孩子走路回家，一路上，孩子跟他说了很多话，这些话加起来，比孩子这学期在咨询室说的话还多。“如果没有陪他走这段路，我是不会听见其他故事的。原来，这孩子比我想象中还要有能力照顾自己、还要有力量。”（这就是叙事里强调的“支线故事”“在地性知识”。）

我很喜欢这个故事，我跟D说：“是啊，这就是一种‘在地性知识’，这些知识，经常被我们忽略，没被看见，所以对案主的生命，其实我们通常是一知半解的。”这是我这些年进行叙事咨询的反思与觉醒。

我在想，如果咨询工作，永远只守在咨询室，踏不出咨询室的门，会不会我们也永远踏不进案主的生命？

我们对案主的看见与理解，真的比我们所听到、看到的，要少很多。所以我常提醒自己，不要自以为是，以为我懂了案主。

聆听着这孩子的故事，让我很感动，于是，我也在想，那条回家的路，给出了孩子活生生的在地故事与在地经验（知识），如果不是通过这样的相随与陪伴，恐怕关于案主更丰富的生命，我们永远不得而知。不是吗？

故事创造故事

在所有的方法中，
故事是最能触摸到人性灵魂的一种方式。
——《谁能写出玫瑰的味道》

每次带叙事工作坊，讲到“在地性知识”时，我就会把之前D陪孩子走路回家的故事说一遍，这样学员就懂了：什么是“在地性知识”，什么是“存在性的相随”。我教叙事，通常用讲故事的方式。我发现，故事是最有效、最能发人深省的教学方法。同时，故事也是最能触摸到人性灵魂的一种方式。

几个月后，我与D见面，他又告诉我另一个精彩故事，关于一位老师下课后陪孩子走路回家的故事。天哪，好精彩！

这位老师叫惠如（化名），她在某个乡下担任小学老师，上过D的工作坊，听完他讲的叙事及前面“陪孩子走路回家”的故事后，很感动，回去以后，立刻去实践。（叙事是很强调实践的学派。）

有一天，惠如突然跟全班25位小朋友说：“这学期老师可以陪你们走路回家喔，一人至少可以有一次，想要老师陪的人，下课后可以过来登记。”令人意外的是，下课后孩子们争先恐后地跑来登记，惠如很惊讶，也很惊喜。

惠如想说，通过陪孩子回家，她顺便可以做家访。她不要以前那种正经八百、形式化、有目的性的家访，她想通过这种方式，让家庭访问变成一件轻松、自然、开心的事。

然后，故事就发生了。

每次送孩子到家以后，家长看见老师陪孩子回家都会很感动，同时也会礼貌地招呼惠如进去坐一下，甚至还有家长会热心地留老师在家里一起吃饭。“乡下人很热情，有时不吃都不行，如果拒绝，看到他们失望的表情时，心里都很难过。”惠如说。

所以，有时惠如会答应留下，借机跟家长聊聊，如此，不但让家长了解孩子在学校的情况，同时也顺便了解孩子在家里的情形。惠如说，每次做这种家访，她都会听见很多令她感动的家庭故事。而当她拜访过孩子的家、听完家庭故事以后，再回到学校跟孩子相处，那种感觉，马上跟以前不一样了。

“怎么不一样？”我问D。

惠如说，感觉跟学生关系大大靠近了，现在，孩子什么事都会跑来跟她说。喔，我听得好感动。

然后，D又告诉我，惠如因为陪学生走路回家，一路上不只听到更多学校里听不见的故事，她也意外地成为学生们的“偶像”。那学期，每个孩子都争相要老师陪自己走路回家，这件事变成一件很荣耀的事。“今天放学老师要陪我走路回家哦。”这件事，竟然成了孩子们来上学的最大动力与期待。她也发现，现在班上的孩子比以前更喜欢来上学，功课也进步许多。

然后，这件事后来在乡下的小村庄里传开了，造成轰动。

现在，大家都知道，有个女老师会陪小朋友走路回家。接着，每到一个村落，惠如都会被竞相邀请到不同家里去做客，也因此，通过跟孩子、家长和村人的互动，让她更了解每个孩子所生长的家庭环境、小区文化，及它对孩子的影响。

最后，D转述惠如的话："教育工作做了几十年，越来越没劲，本来想说早点退休算了，想不到因为这个'创举'，让孩子们越来越喜欢我，也让家长越来越信任我。现在，每到一个村落，大家都会出来跟我打招呼、欢迎我，甚至要送我东西吃，老师能做到这样，让我觉得很有尊严，虽然每次陪孩子回家都要花我很多时间，但这一切都是值得的。"

惠如的故事，让我感动得眼眶红了。哇，这就是叙事实践，一种很美的"在地性"的实践。

从D的故事到小学女老师的故事，让我学习到，"叙说与实践"，这两件事是相辅相成、一体两面的。当D分享了"陪孩子走路回家"的故事后，这个经验感动了惠如，于是惠如就去创造了另一个"陪孩子走路回家"的故事。故事是有生命的，故事可以创造故事，这就是故事的力量，故事让生命得以"生生不息"。这也是我想把他们两人的故事写出来做分享的原因，我期待，这些故事或许可以让更多教育工作者去反思吧。

D与惠如，他们两人同时在做一件事，就是打破咨询与教育的“框框”。他们突破了角色的限制，用生命在做咨询、做教育。谁说咨询师不能陪孩子走路回家？谁规定老师不能陪孩子走路回家？“陪孩子走路回家”是一个创举，用这种方式陪伴生命不但有创意，同时给出满满的爱。它让学校教育走出一条崭新的路来，这条路，直通孩子的心。真的好美、好美。

后记：

写完这篇文章以后，我寄给故事的主角惠如，请她先过目，不久，就收到她的回应。信中，她给出更多感人的故事，我心想：这么好的故事如果不跟大家分享实在太可惜了，于是征得她的同意，放在这里，好让大家“欣赏”到这位老师陪学生走路回家时发生的更多感人的故事。在此，再次印证了故事的丰富性，故事以外，永远还有“其他”故事。这就是故事迷人的地方。

亲爱的志建：

没想到陪小孩走路回家的事会被你听到，竟然还被你写下来。那是我教学上值得回味再三的闪亮时刻，连自己都很感动与开心。有机会可以跟别人分享，我十分乐意。

当时的我，刚带那个班，真的遇到很大的瓶颈，其实是有点走投无路了，听到D的点子，才想试试陪孩子们回家。我腾出一小段完整时间和一个孩子走一段路，单独说说话，不是在教学，也不是指派任务或晓以大义，只想以轻松的心情来认识孩子的生活世界。

从叙事的观点，我是通过移动空间，“移动”我看一个孩子的视野，我在寻找孩子在课堂以外的“支线故事”，一路走下来，每个孩子都有让我十分惊艳的亮点。

例如，有个小女孩，上下学都会经过坟墓堆（我们学校旁边就是坟场），我好奇地问女孩：“每天经过这里，你不会害怕吗？”

才上一年级的女孩镇定地回答我：“不会呀！曾祖母会在这里保护我，每天都能看我上下学，曾祖母很高兴。”这是多么自然而深刻的生命教育现场。

又有另一个男孩，经过他曾祖母的新坟，他天天都会绕过去跟曾祖母打招呼，因为他是曾祖母带大的孩子。我这才发现，平时这个粗心的小男孩是用这种方式在想念曾祖母、跟曾祖母联结的，原来他也有细腻重感情的一面。

另外，我们班有一对双胞胎，来自功能很不良的单亲家庭，他们家离学校很远很远，没有家长接送，他们背着书包，还提着从学校打包回家的营养午餐。中午一点钟，大太阳底下，陪他们走一回，我在心底暗自佩服这两个孩子。

另外还有一个经典的例子。我陪一个女孩回家，她期待这一天已经很久了。但当走到她家门口，我就听见她家传来麻将声，女孩表情很尴尬，叫我不要进去，陪她走到这里就好。原来，她有一个很爱打麻将的父亲，那是她心里的痛。

我问她：“你担心让老师看到爸爸在打麻将，是吗？”女孩点头。

我继续说："你担心老师会不喜欢你的爸爸，不喜欢你的家，不喜欢你，是吗？"女孩的眼泪挂在眼眶中。

然后，我告诉她："你是你，爸爸是爸爸，老师一直都知道，你是一个很棒的孩子。"说完，女孩才放心地让我走进她家。

其实，小女孩的担心我懂，因为，我也有一个类似的父亲，我也曾为此自卑了二十多年。

感谢你帮我的故事发声，勾起我过去那段美好的回忆。

祝你新书发行顺利，一切都好！

勇敢的巨人

眼前这个曾经伤痕累累、把自己瘫掉的小孩，
如今变成了一个巨人，伫立在我面前，
不卑不亢，那一声“不”，是多么有力量啊。

今天我发现了一个“巨人”，从那巨人身上我看见了生命之光，这个故事，非得跟大家分享不可。

下午，我要去见一个案主，是个年轻人，他很特别：真诚、自觉、会说故事、有求助动机，这样的案主是讨喜的。而且重点是，他的生命故事，时常深深触动到我，看到他，仿佛也看见某一个时期的自己。

他叫一凡（化名），是一名大学生，因沉迷于电玩，走不出来，无法去上课，经常处在被退学的危险边缘。一年前他开始跟我谈，刚来的时候，两眼无神、心智涣散，他说他快撑不下去了，他需要帮助，不然会去自杀，他是主动请母亲带他来咨询的。这几年我接触到像他这样网络成瘾的个案很多，但会自己主动求助的不多，他是第一个。

接触这样的个案多了以后，我有个发现：这些网络成瘾的孩子，似乎都有一些共通的家庭模式，而且，通常他们都会有一个

爱掌控且焦虑的母亲，很有意思，这背后有什么意义吗？

这次一凡是主动前来求助，他真的很不同，反而母亲动机不强，是他“拖”着母亲前来咨询的（一般都刚好相反）。对于有强烈动机的案主，治疗师都很喜欢，我也不例外。跟这样的案主交流，通常会比较顺畅、省力、有成就感。

一凡跟我谈了一年，从一个没有感觉的“行尸走肉”（这是他第一次来谈时对自己的形容）到现在渐渐变成一个有感觉的活人，过去他的生活只有电玩，但现在，已渐渐扩展到可以看小说、打乒乓球、练乒乓球、唱歌、跟人互动的新世界。这个生命，从枯树到慢慢发出新绿芽，中间有一段漫长辛苦的历程，但也是很美的生命发展过程。

下午当我从洗手间走出来时，一凡就在柜台边看着我，然后主动跟我挥手打招呼。我看了他一眼，嗯，可以感觉他今天的能量状态很不错。运用第一眼直觉，是我这几年做咨询的能力，直觉会马上告诉我关于此刻案主的身心状况信息。

一凡今天真的不错，淡淡的微笑里流露着一股轻松的气息，有一种走在春天微风里的自在，我暗自期待着今天即将发生的好故事。

他一坐下，我就问他：“这几个星期过得如何？有故事想分享吗？”

一凡以一种自在又坚定的眼神看着我说：“这几周过得很充实，我在学校打球、练球，有进步、有挫折，跟教练有些对话，假日回到家，也发生了很多事，总之，故事太多了，但是我不要全部都讲完，全部讲完一遍，时间就到了，那你都没讲话，这样我的钱太好赚了。”他调皮地笑了一下。

呵呵，这小子今天竟然敢跟我开玩笑了。

不知怎么，我对这个玩笑，感到愉悦，那是一种关系的靠近，而且，他让我知道一件事：他今天，真的很“松”。

我莞尔一笑：“那你就长话短说吧。”

我知道，今天他有很多话想跟我说。

他的身体向前微倾，那个姿态里，有一种期待、一种渴望，渴望被聆听、被理解，每次他来到这里，跟我讲话的样子就是这样。这个姿势，我认得。

“好，简单地说，我这几个星期都在学校练乒乓球，我很专注地练球，这让我觉得自己是活着的。”当他说这句话时，我感受到：有一股强劲的生命力，从他身上“散发”出来。

此刻的他，眼神散发出闪亮的光芒，如同练球时候的他一样，专注凝神，此刻，有一种纯粹的光芒聚敛在他身上，让人感受到他有一种安稳的存在感。

而且，这个存在感有着一种非比寻常的力量，叫人安定、放松，如同此刻的他。他身上那股生命力有如春风般，吹向我，我迎着春风，陶醉其中。

“除了练球，我的教练还跟我说了他的故事，说他自己求学的故事，为了外出求学，他倾家荡产，回到台湾后，却怀才不遇，他教学很认真，但是他的学生背叛他，让他很伤心……”一凡滔滔不绝地跟我分享着教练的故事。我很感动，但不是教练的故事让我感动，是一凡。这里，我看见一凡除了练球之外，他开始有能力去“与人联结”、去聆听他人的故事了。

唉，这件事是不容易的。好，如果你知道，一年前坐在我对面的这个年轻人，他的世界，除了虚拟的电玩以外，人际交往几乎是空白的，相对之前的惨白，你一定也会惊讶于他目前丰富多彩的生活。现在，他不再是行尸走肉的“活死人”了。

我的感动，不只如此。

一凡继续说：“教练告诉我，乒乓球不能当饭吃，‘你既然会念书，以前都可以考到台大，那你就应该好好去念书，只有文凭才是真的……’教练说这些话，我很感动，我知道他是好人、他是为我好，但是，我心里也知道我们是不同类的人……”

“你们是不同类的人？”我重复了一遍。这句话叫我一惊，是惊喜。

“对，我们是不同类的人。但我了解他为什么会有这种想法，那就是主流价值。他跟我妈一样，都活在主流价值里，活在那种价值观中，人就没办法做自己。”天哪，他竟然可以清楚辨识教练话语里的价值了。今天是怎么回事？

“当我回台北后，跟台北的乒乓球教练碰面，他也跟我说了好多故事，不过，我这才发现，学校的教练真的很会教球，他真的看见了我的优点、缺点，依照我的个人状况来指导我；而台北的教练，他很有实力、很会打球，但他不会教球，他只是在秀自己的球技而已。”好小子，脑袋越来越清楚。

“会打球与会教球是两回事，周老师你懂吗？”一凡看着我，想确认。

喔，拜托，我当然懂。我看过太多学问渊博、满腹经纶的教授，但老实说，不一定会教书。有学问与会教书，也是两回事。同样的道理，有心理咨询师证与会做心理咨询，也是两回事。

“台北教练也是跟我不同类的人。”一凡继续说。这次他更清楚地辨识，学校教练与台北教练的差别，也更清楚地知道自己与这两位教练之间的差别。这代表他越来越清楚自己要什么了。

“学校的教练很会教球，但是他并没有看重、肯定自己在乒乓球方面的价值，他选择了一般世俗的价值。台北的教练，只看见自己、只想炫耀球技，但他没有看见学生的需要。他给不出我要的东西。我要的，除了乒乓球之外，还有一种价值。人对自己所做的事背后都有个价值，必须看见，并实践出来。”一凡仔细分辨给我听。

天哪，我张大嘴巴，努力克制自己不要从椅子上摔下来。

我的耳朵没问题吧？这是我认识的一凡吗？

还没完，更惊奇的故事来了：

“上星期回家，我感觉到家里的气氛很低迷。老实说，过去的我，一定会想逃，不然就是跟着‘陷’下去。但今年没有，可能是我的能量还不错吧，我主动过去帮妈妈打扫家里。每年过年，妈妈总是为了大扫除闹情绪，今年也不例外。弟弟跟爸爸是不会配合妈妈打扫的，弟弟是我过去的翻版，现在正把自己瘫在电玩里，逃避作业、逃避他的人生。爸爸呢？也是瘫着的，每天在外面打牌打到很晚才回家，我知道他在逃避面对妈妈。唉，妈妈很可怜，每次都边扫边骂，搞得全家鸡犬不宁，结果让每个人都更瘫、更怕她。还好，这次有我帮忙，妈妈的情绪缓解很多。同时我还一边安慰妈妈……”当一凡这么说时，我的眼珠子又快掉下来。

他跟我一样，同样都有一个焦虑的母亲，这种母亲都有“一定要把事情做好”的焦虑。记得，以前年轻时，每逢过年，为了打扫，母亲就开始乱发脾气，不管我们怎么努力，也很难达到她的标准。那种不愉快的感觉，记忆犹新。

好，今天这小子长出力量了。

“在整理书柜时，妈妈想把我的书从这里挪到那里，说这样比较好看。但我跟她说，我的书想放在‘这里’，因为这样我比较好拿，这书柜是我在用的，不是她在用。

“妈妈刚开始像过去一样很坚持，她一定要放在那里。以前，家里所有的摆设布置，都得听母亲一个人的，我们不敢有意见。母亲是女王，没人敢违逆。但这一次，我跟母亲说：‘不，我想放这里。’然后，妈妈愣在那里。我又认真看着她说：‘你知道，这一声“不”，是我需要跟周老师咨询一整年，才学会的事，你明白吗？’于是，母亲懂了，不再坚持。然后，我的母亲也红了眼眶……”

带着坚定、温和的语气，一凡一口气说完这些话。

突然间，我感觉有个巨人站在我的面前。

当下听到那一声“不”时，我的眼眶立刻红了，一滴泪水不听使唤地从眼角流了下来。

当下，我的心被震撼着，澎湃不已。眼前这个曾经伤痕累累、把自己瘫掉的小孩，如今却变成了一个巨人，伫立在我面前，不卑不亢，那一声“不”，是多么有力量啊。这句话，我也是学了好久，才学会的。

在我眼前的巨人，此刻身上散发着光芒，有如生命的探照灯，就这么扎扎实实地照射在他身上，他的“存在”是如此的巨大，透着无比的力量。

面对这样的生命，除了感动，还是感动。当下无言，只有泪。

在这个神圣时刻，语言已经不重要了，眼神与泪水的响应，或许更为贴切真实。而眼前的巨人，也拿下眼镜，用衣角轻轻拭泪。当下，我们泪眼相望。无言。

在那个沉默的当下，我们各自在自己的泪水里，咀嚼着生命，共享这个神圣时刻。

慢慢地，巨人又开口了：“看到父亲、母亲、弟弟他们，我有一种无奈，我知道他们在受苦，很想帮他们，但我知道我能做的不多，我只能帮忙打扫、偶尔安慰妈妈，我能做的就是这些。

现在，我知道我的局限性，也越来越接受自己的局限性，我不想再为难自己了。”一凡的话，虽然透露着生命的无奈与无能为力，但现在的他，对生命的局限性，却有更深的理解与接纳。在人我之间，现在的他不但可以靠近，也可以画出一条界线来了，让我又是一惊。

于是，我告诉一凡，面对生命，我也经常感到无奈与无能为力。

每个人其实都过得很辛苦，不过，这“受苦”（suffer）或许是人生的必经历程吧，人得经历这个过程，才能淬炼出生命的精华。我在说的，其实是一凡。眼前的他，是一个经过淬炼后的生命，他是一颗闪闪发亮的钻石。

“时间还有多少？”一凡问我。你看，他的时间界线也越来越清楚了。

“还剩五分钟。”我说。

“最后再跟你说一件事。”我把身体坐正，准备迎接新故事。当然，在我听之前并不知道，这又是一个震撼弹。

“我家附近有一间理发店，我从小到大都在那里理发。我重考那一年，有一次去理发，理发店的老板娘给我打气加油，我跟她说，如果考上台大，我就送她一个蛋糕吃，后来我考上了，却没有送，我忘了这件事了，因为考上台大对我而言，只是给父母交代，我并不觉得那有什么值得特别高兴的。

“后来你也知道，念了一年被台大退学，后来我就不敢去那家理发店理发了。但今天，我经过那家理发店时，突然想到过去自己的承诺，所以，等一下回去，我会买一块蛋糕，送给那个老板娘吃。”

我认真地听着一凡的故事，想弄懂他想表达什么。

“你觉得那老板娘还认识你吗？”这个天真的小孩，我担心他会不会吓坏人家，让人以为他要去追求老板娘。我把我的担心告诉他。

他哈哈大笑：“她是欧巴桑啦。”“我想应该记得吧，我从小让她理发理到大的。如果不记得也没关系，我会告诉她，我为什么要送这蛋糕给她。”他坚持着。

“你这样做，对你的意义是什么？”我又问。我想要是我的话，这么久了，对方应该早就忘了，我应该不会想去做。但一凡如此坚持，想必有他的道理。

“遵守诺言吧。”他回答，一副天真的表情。

“遵守诺言？”我看着他，有些惊讶，但还是不解。

“对呀，小时候我们受儒家教育，不是说‘一诺千金’吗？”喔，我们的教育还真成功，是这样吗？我继续问着，里面其实还有一个“担心”，其实我想说的是：“如果你跟老板娘说五年前你考上台大，所以为了实践当年的诺言，买蛋糕给她吃，我想她接着一定会问你，毕业了没？那你要怎么回答？难道你要告诉她，你被台大退学了吗？”

好，我这个担心是有故事的。你知道吗？被台大退学这件事，对一凡是个很大的阴影，这件事让他认定自己是个“失败者”，也因为这个阴影，让一凡一直躲在电玩里出不来。他跟我说，他很少去上课，当他偶尔去上课时，同学就会开玩笑说：“喔，好难得，一凡来上课了，今天太阳打西边出来了！”光是这样的话语，都叫他无法忍受，这会让他想起被退学失败的自己，他常告诉自己：“我就是那个被退学的失败者，不用再挣扎了。”这一年里，我看见他躲在这个失败阴影中，自我折磨，痛苦不已。

有一次，他告诉我，他就是无法忘掉过去被台大退学的阴影，问我怎么办。我看着他，跟他说了一个故事，《地海传说》那个年轻巫师的故事：“转身面对黑影，叫出它的名字。”那一次，他听完故事后这样响应我：“这真是个好故事。”之后呢？我不确定这故事是否能帮助他回头转身、认了自己那个黑影。但是现在，当我听完这个蛋糕的故事以后，我确定，他已经转身了。

认了，认了。

一凡接着告诉我：“是啊，我就告诉她，我被台大退学了呀，因为当年不爱念书，所以大学念了很久、很久……”当他说这些时，我的眼泪又不听使唤了。我拿起纸巾拭泪，而一凡依旧抓起衣角擦泪。

啊，巨人又出现了。当、当、当，我仿佛听见从天而降的美妙圣乐响起。

勇者无惧。

始终跟随他这么多年的退学阴影，如今，巨人转身，把它给认了回来，“收编”了回来。

我两眼迷蒙地看着他。巨人，也温柔地看着我。

最后，起身，我把双手伸展出来，这是我第二次[1]主动想给他一个拥抱。巨人很大方，也起身把我揽在怀里。在那个拥抱里，除了感动，还有感恩，此刻，一切的语言，都是多余的。

“以众生为师”，这是我这几年叙事实践的最大心得与感触。是的，他们都是我的老师。他们也疗愈了我。

拥抱完，我拍拍他的肩膀，没说什么。其实，我心里想说的是：“孩子，我以你为荣。”然后，趁着我的泪水狂奔之前，我转身，向柜台走去。

我以为一凡会尾随着我的脚步前行，但没有，我到柜台等了一会儿，他没来，我又转身，回头望过去，我的眼睛穿越走廊，在另一端的暗暗角落里，那个巨人，依然伫立在那里，拉着衣

1　记得有次听完一凡的故事，我很心疼，最后离去时，我发自内心地给了他一个拥抱，那是我第一次拥抱一凡。拥抱完后，他问我，为什么想拥抱他？我说，我心疼他呀。

然后，下次我们再见面时，他不一样了。

一凡告诉我，那次拥抱，刚开始他还没什么感觉，但是回家后，当妈妈问他今天跟周老师谈了什么，他才想起我最后给了他一个拥抱，然后，他突然号啕大哭起来，他跟妈妈说：“从小到大，你们都没抱过我，也从来没有人说过这样的话，从来没有人心疼过我。你跟爸爸都没有。”那一次，他彻底大哭一场。而母亲，也跟着哭了。然后，母亲说：“那妈妈现在可以抱你吗？”接着，母子两人相拥而泣。拥抱中，妈妈一直跟他说：“对不起，对不起……”

角、频频拭泪。

等巨人再出现时，红着眼眶，我们没再说什么。

就在一凡即将转身离去时，我对着他说："新年快乐！"他点点头，想说什么，却又说不出来。

直到打开门离去前，他才又转身，定定地看着我，说："周老师，新年快乐。"

刹那间，我的脑海里立刻浮现出一个画面。

我看见，一只曾经折翅的鹰，如今，已经长满了丰厚的羽翼，站在悬崖边，等待放手单飞。即将展翅高飞的他，英姿焕发，如此光芒耀眼。

重新拥抱内在那个小孩

只有受过伤的医生，才会疗伤。

——《荣格自传》

相对于上一个故事的案主一凡，S便是一个很不讨喜的案主。

S是一个五十多岁的离婚中年男子，目前独居，他来跟我晤谈，说是要我帮他解决目前面临的中年危机。但跟他谈话，却让我越来越没耐心。

每次跟他说话都很辛苦，他无法谈感觉、无法说清楚一个故事，讲话小声，又有点儿重听，每次，只要我想进一步细问，他总是有办法回避、含糊带过。“没有啦，就是这样啊”“还好啦”“不记得了”……我当然要尊重他的反应，接受“这就是他”，但是，我也必须承认自己的感受：“唉，跟他说话，好累呀。”我很少感到词穷，只有对他有这种感觉。

很少有个案会让我感到束手无策。于是，在上次晤谈结束前，我真诚地跟S说：“你有准备好要探索自己吗？你要不要回去想想看，你期待来这里的目的是什么？我们要怎么谈才能对你有帮助，好吗？”

呵呵，现在想想，其实我是在跟案主求助，也在给案主下最后通牒，其实我想说的是："我受够了，如果你真的不想谈，就别来吧。"

所以，对今天的晤谈，老实说，我没什么期待，也不敢奢望他会有任何突破。

时间一到，S准时进来，坐定，尴尬地对我笑了一下，接着就杵在那里了。每次都一样。

他很被动，通常要等我先开口。

"最近过得怎么样？"我问。S愣了几秒钟才开口："还好，都一样。"哈，如我预料的标准答案。

我耐着性子，继续问："还好是什么意思？"又是一阵沉默，久久才回："一个人过，每天都一样。"

"一个人过，是什么感觉？"S脸上掠过一丝哀愁，一下子，马上又恢复"正常"，然后淡淡地说："有点孤单吧。"

咦，有感觉了，心里有点高兴。但是S马上说："其实一个人也不错啦，比较自在、没有牵绊。"喔，拜托，又来了。

我很不喜欢S这样快的"自圆其说"。我发现，这种自我安慰与合理化，过去经常出现在我们的谈话中，让我们的对话无法持续下去，同时，这样的话语通常会伴随S的肢体表情，好像在告诉我"这没什么好谈的"。而我，经常就卡在这里，无法前进。

但这一次，我铁了心，豁出去了。

我继续追问："你喜欢一个人吗？"

S停了很久："还是想要有一个伴啦，在一起，比较不无聊。"

我抓住这个矛盾点，问他："但你刚说一个人比较自在无牵绊，现在又说希望有一个伴，比较不无聊，你看到这中间的矛盾冲突了吗？"

长期以来，S一直在回避自己内在的矛盾与冲突，此刻，我很乐于把这个"矛盾"摆在他面前，强迫他去面对。

停了一会儿，S说："我希望有一个对象，但是要可以相处得来的，不要像我前妻一样，折磨我。"S的表情黯淡了下来，久久之后又说："但是我很难找到合适的对象，我喜欢的，人家不喜欢我，尤其碰到有好感的异性，我通常不会主动，也不敢主动，连开始都无法开始……"

第一次，S透露出对伴侣的渴望及找不到对象的无能与挫折，让我有点疼惜。同时，我也发现，到目前为止，我们的谈话已经跟过去有些不同了。

接着，我问他如何解释自己与异性无法开始建立关系这件事。

S立刻翻开笔记本，笔记本里密密麻麻写了很多字，他认真地看着笔记本，告诉我这个问题他曾想过，并列出几点原因。

看到他做这个动作，我有点讶异，可见他是认真思考过这个问题的，这让我对他有了新的认识：其实，S没有我想象中那么浑，想打迷糊仗，或许，他只是"不得其门而入"，对于我们心理咨询强调"谈感觉"这件事，其实不是他所熟悉的方式吧。

此刻，我反思道：我是不是对他有偏见？想到这儿，一丝羞愧感从心中掠过。

看着笔记本，S开始侃侃而谈。他觉得自己无法与喜欢的异性靠近，原因包括他没有自信、高傲、不求人、害怕再一次被束缚、被伤害（如同他之前的婚姻），还有他担心年龄的差距，他喜欢的通常比他小很多，年纪大让他自卑，他害怕被拒绝。嗯，其实他有某种程度的“自知之明”，不是吗？过去，我太小看他了。

接着，我与S一一针对他列出来的因素去讨论。此刻，我突然跟他靠近了。

针对“高傲”“不求人”，我问S：“那个‘不求人’背后代表什么含义呢？它是怎么来的？”

这个问话让S陷入长长的思索，一段时间后，他才开口，“不求人”其实是因为：他害怕被拒绝，所以不想去求人，就不会被拒绝了。

接着，我问S：“以前有什么故事与‘害怕被拒绝’有关吗？”一下子，他脸上轻轻地掠过一丝哀愁，然后淡淡地说出一个故事，这是第一次，他把故事说得这么清楚。

“小时候家里穷，妈妈常要出去跟亲戚朋友借钱，因为爸爸打麻将，输了很多钱，爸爸常在外面赌博，不回家，很少看到他。他在外面欠了很多钱，所以经常有人到家里讨债，每次有人来讨债时，我们都很害怕，邻居也很看不起我们，这让我感到很自卑。

“有一次妈妈又得出去跟亲戚借钱，这回，她拉着我一起去壮胆，其实我很不想去，觉得很没面子，那一次，我看到妈妈低声下气、用极卑微的身躯及语调去‘求’亲戚借我们钱，那个表情，我一辈子都忘不了。当下，我心里暗自发誓：以后，我绝对不求人……”

这个故事，让我明白了他的“高傲”与“不求人”的背后，原来有着深深的“自卑”。

S继续说：“小时候我功课不错，但我发现，每次念书时只要我一松懈下来，别人就会来讨债，真的很灵哦，每次都这样。”S笑着说：“不只这样，我小时候很用功，每次都得前三名，都拿奖学金，每次奖学金我都拿回家给母亲。”

看着S，我仿佛看见一个想要分担母亲焦虑的小男孩，心里突然好疼惜他。

“所以，你用功念书，其实想要用这种方式（拿奖学金）对家里有所贡献，是吗？”一下子，S脸上出现复杂的表情，眼眶泛着泪光，不语。

第一次，S比较完整地说自己的故事；第一次，S的眼里有泪；也是第一次，我是如此靠近他。

我鼓励S停留在这个感觉“多待一会儿”。良久，他的泪水沿着脸庞直流而下。

“现在是什么感觉？”我问。

“很累……”他轻叹一口气。

我想S不只是累，也很苦。在他身上，我隐隐地看见我与我母亲身上的“自卑”，我们都很努力，也都很想要去“超越”那个自卑。

“你会生你父亲的气吗？气他没有尽到父亲的责任。”如果我是他，我会对这样的父亲有着极大的愤怒，我想知道S的感觉。

“其实他也不是太坏啦，至少小时候他很少打我，他只是比较大男人、比较权威，全家人都怕他，很少跟他说话，还好他常不在家，我们生活也比较自在一点。”他又开始合理化了。但现在，我全然接受这样的他。

看着S，我问：“你觉得他是一个怎样的父亲？”

S的脸上掠过一种复杂的茫然，良久才说：“我很少跟他说话，也很少看到他。他常不在家，从小他都没抱过我，唯一一次抱我的时候，是有一次大地震，他一手拿着家里的金子，一手抱着我往外冲……”说到这里，S突然哽咽，眼眶红了起来。

深深看着S，此刻，在我面前的他，不再是个五十多岁的中年男子，而是十岁的小男孩。这个小男孩，有一个缺席的父亲，他从来没有机会好好跟父亲说话，更别说一个满怀的拥抱。此刻，让我想起一本书：《缺席的父亲，失落的儿子》（*Absent Father，Lost Sons*），书里说的是成长过程中，父亲的缺席所带给儿子一生的遗憾与影响。

我不知道S是否可以理解这个孤单的“小男孩”，但我试图想让他理解，我期待，S对这个小男孩可以有同理心，并带着爱与疼惜去贴近自己的“内在小孩”。

我指着对面椅子上的抱枕，对S说：“想象一下，如果这是十岁的你，这个小男孩从来没有被父亲抱过，你愿意抱他一下吗？”

顺势，我拿起抱枕，轻轻递给S。他接过去，但犹豫了很久，才将它拥在怀里。

我请S轻轻闭上眼睛，然后，温柔地说：“请用你最大的爱，去拥抱这个十岁小男孩，去感受一下那男孩的感觉，去聆听男孩内心的声音，好吗？”

当下，S紧紧地抱着抱枕，脸颊涨红、嘴角紧闭，泪水又流了出来。

过了一会儿，我对着S，轻轻地说了一个故事：

“从前，有一个小男生，他是一个很善良的孩子，他很认真念书、成绩很好，常常拿奖学金，他拿奖学金是为了想帮家里的忙，因为，不幸地，他有一个喜欢赌博的父亲。父亲常常不在家，出去赌博，欠了一堆赌债，家里经常有人来讨债，全家经常笼罩在被讨债的恐惧中，所以，男孩告诉自己：‘我绝对不能松懈，我要认真念书，家里才会有好日子过。’

“这个小男孩很想拯救这个家，但他无能为力，他唯一能做的就是认真念书、拿奖学金帮家里。所以，一直以来，他都很努力、不敢松懈，因为家里都靠他，一直到长大以后，他不负众望终于当了老师，他做到了，但是，他很累了，因为他努力了很久很久，不敢松懈。此刻，他最想要的，是休息、是父亲的拥抱。因为，父亲从来没有抱过他。”

我叙说着S的故事，当下他闭紧双眼，泪水如雨直下，双手紧紧地抱着“小男孩”（抱枕）。

说完故事后，我停在那里，久久。

荣格说过：“只有受过伤的医生才会疗伤。”他在书里曾说：“要是医生的个性强如盔甲硬邦邦，他是没什么作用的。我认真看待我的病人，我或许也会遇到像他们遇到的棘手问题。有时，病人正好是医治医生痛处的一帖良药，医生也会遇到困难的困境，更准确地说，这种情境是专门为医生而产生的。”

其实，每个人都受过伤。荣格的提醒，让我觉察到自己之前也是“硬邦邦”的人。还好，这几年通过故事叙说，叫我可以面对自己的伤，并叫我的生命变得柔软许多。于是，我的伤，让我得以进入他人的伤，去疗愈他人。

此刻，进入S的生命故事里，我同理着他与他的内在小孩，通过冥想与故事叙说，让他重新去拥抱自己内在孤单的小男孩，这个历程是很美的故事疗愈。

打蟑螂记

咨询历程中，重要的不是你说了什么，
而是你做了什么。

——《生命的礼物》

再次与S晤谈，已经是两个星期之后的事。

因为上次晤谈的突破，让我对这次晤谈充满了期待。我想，当我再遇到S时，我会想知道他上次晤谈之后的感想，同时，我也想知道，这两个星期他过得如何，是不是有新故事发生。对于他的到来，我突然变得很期待。

一如往常，S准时走进咨询室，坐定，看着我，表情依旧尴尬。

“这个星期过得如何？”我先开口。

清清喉咙，S慢慢地说：“上次谈完刚开始几天，心情有点沉重，比较安静，不想说话。”

然后我看着他，沉默，等着S继续说下去。此刻，我想要改变我们的互动方式，我不想再那么主动，或许，S也没我想的那么被动。

一阵沉默后，S继续说：“有时候，我会呆坐在沙发里想着小时候的事，然后心里感到淡淡的悲伤。以前，我从来没想过自己没被父亲抱过是一件可悲的事，自从上次晤谈后，我才发现自己内在那个男孩其实是渴望被拥抱的，但是从来没有过。”说着，S又红了眼眶。

很高兴S开始能靠近并同理自己的内在小孩了，这是疗愈的第一步。我也感觉自己越来越靠近S。

“面对那个孤单的小男孩，你想做什么？”

“我想去抱抱他，抱着你上次借我的抱枕，然后去跟那个小男孩说说话，告诉他：‘你已经很不错、很努力了。’”

“当你这样做，这对你的意义是什么？”

一阵沉默后，S缓缓地说道：“我从小到大，从没有被肯定过，我的父母、家人，永远都在否定我……”此话一出，我更加明白了他的自卑。

“上次晤谈中，除了让你发现自己内在那个小男孩，还有什么让你印象深刻的吗？”我继续问。

S沉思了好一会儿，然后看着我，竟然给出这个答案：“你打蟑螂。”

我愣了一下，想说我是不是听错了。

“你再说一次？”我再次确认。

“你打蟑螂呀！”S重复着。

喔，我记起来了，在上次与S晤谈时，确实有一只蟑螂出现。

那时候，正当S说着自己的童年故事，眼眶噙着泪水时，S的眼神突然飘到我的右上方，出现一丝惊恐的表情，然后用手指给我看。我转身向后看一眼，原来一只大蟑螂就在上方冷气孔附近。

我看了一眼，立刻转回来，对S说："没关系，你继续说。"我不想让那只该死的蟑螂，阻碍我聆听故事的兴致。

五分钟后，S的表情更加惊恐了，再指指我的左后方，我很快转头，看见那只蟑螂就在离我不到30厘米的墙上，那一刻，我几乎是毫不犹豫、"连续反射动作"，拿起地上的脱鞋，往墙上一打，"啪"一声，蟑螂立刻落地。然后，我又立刻转回来，若无其事地对S说："好了，请继续说。"

这个打蟑螂的过程，如此自然、连贯，干净利落。

现在回想，还真好笑呢。嗯，这是一个有趣的画面。

但我很好奇S是怎么看待这件事的。

"为什么这件事让你印象深刻？"我问。

"因为你打蟑螂的动作，是那么干净利落、义无反顾，仿佛它阻碍了我们说话，而你'排除万难'也要听我说话，这让我很感动。"S说。

排除万难？

我很讶异S对于我打蟑螂这件事竟然做出如此诠释。

确实，那只该死的蟑螂，什么时候不出现，偏偏在S要讲故事时出现，我是被打扰了，很不爽。就好像你在家看一部很棒的电影，刚好情节高潮时，偏偏有人来按门铃，令人很扫兴一样。

然后，我继续问S，当他认为我是"排除万难"地想听他说故事时，这对他的意义是什么？

“从来没有人这么认真、愿意听我说话呀。或者说，我很惊讶有人竟然对我所说的话感兴趣。”S说。

“喔，当你体验到有人对你的故事有兴趣，而且愿意排除万难想听你说话，这对你的意义又是什么呢？”我继续问。

“这表示我很重要啊！”停了一下，S接着说，“第一次，我感觉自己很重要。”

这样的回馈，大大地出乎我的意料，叫我吃惊。

我本以为，S最感动的应该是上次最后我让他做的冥想，在冥想中，我让他与内在小孩的接触对话；或是，晤谈最后我对S所做出的精辟诠释。记得，那时我跟S说：

“如果你无法去感受自己、接触自己内在的小孩，你跟自己的距离就永远遥远，当你无法靠近自己，你就无法靠近别人，或许，这也是你说你没有朋友，无法与异性建立亲密关系的原因吧，你觉得呢？”

对于这个洞见，我有点沾沾自喜。我想，如果S也可以看见，必定受益良多。但没想到，令他印象最深刻的竟是我打蟑螂这件事。

这让我想起亚隆在《生命的礼物》一书中曾说：“治疗中有帮助的，是与彼此的关系有关的事，这些常常是与治疗架构无关的行为，或是治疗师生动展现出一致性和在场陪伴的情形。”

亚隆在书中举了一个自己的例子。有一次，他去外地旅行时，刚好经过某个案主居住的城市，于是顺便打了一通电话去问候他，那时案主刚好处在一种情绪低潮的状态，因为这通问候电话，让他在当下感到温暖与被支持，同时也帮助他度过了低潮。这是案主后来告诉亚隆的，让他感到很惊讶。

亚隆在书中又讲了另一个例子：他的同事告诉他，一位舞者（个案）在治疗结束时告诉他，在治疗中，对她最有意义的行动，竟然是他曾出席观赏她的舞蹈发表会。

是啊，每个人都希望被看重，不是吗？原来，被认为“我很重要”，这件事本身就具有疗愈的意义了。

有五十多年心理治疗丰富经验的大师亚隆这样告诉我们，而现在，我的个案S也这样跟我说，回想自己这20年来的咨询经验，确实如此。

或许，这就是亚隆说的：“在咨询过程中，重要的不是你说了什么，而是你做了什么。”只有生命可以抵达另一个人的生命，叙事里强调“礼敬”生命，就是如此吧。

这样的寂寞，有谁懂

既然得不到父母的爱，
我们只好学会爱自己了。
自己给自己爱，这件事，是每个人的责任。

昨天一位案主告诉我，上周的清明连续假期，他每天浑浑噩噩的，不知道自己要做什么，过得糟透了。

他说，那几天都窝在家里打电玩，一直打、一直打，打到累为止，才去睡觉。睡醒，再打。他受够了这样的自己，也受够了这样的生活，却又无力改变。

听他这么说，我好心疼。我问他："为什么不出去找朋友呢？"

他低着头，沮丧地说："我没有朋友，我不知道要找谁。"

然后，他突然愤愤地说："为什么有些人在脸书上随便写个什么，马上就有一堆人点赞？"

"你很羡慕？"

"不是羡慕，是嫉妒。"他回得很直接，很诚实。

看着他内在深沉的寂寞与愤恨，一时间，我无言，不知该说什么。

最后，我挤出这句话："这样的生活，你过多久了？"其实，我心里更想问的是：“你寂寞多久了？”

“很久很久了……”案主说的时候，眼里透着深深的迷茫。

然而，就在诉说着自己深沉又无解的寂寞的这一小时里，因为有人聆听、有人陪伴，此刻，竟是他最近生活中，最不寂寞、最感到安心的片刻。离开前，他这么跟我说。

离开前，他回头看了我一眼，眼神流露着淡淡的悲伤，叫人很不舍。

亲爱的朋友，那样的深沉寂寞，你懂吗?

我懂。那种无人可分享的寂寞片刻，我也曾有过。每一个寂寞的背后，都有故事。而且我也知道：他的寂寞，其实不只是寂寞，里面还有很多的愤怒、悲伤、挫折与爱的匮乏。

这孩子其实是一个相当聪明有才华的年轻人，但个性刚烈、自负，甚至愤世嫉俗。怎么会这样呢?

你知道有一种人，心里很渴望别人来关心他、来爱他，却把自己弄得像刺猬一样，凡是靠近他的人，立刻会被他的刺所伤，然后快速地远离他。他就是这样的人，他就是那只刺猬。

这样的人，活得很辛苦、很矛盾。一方面渴望朋友、渴望别人来爱他；另一方面，却带着怨恨、批判去对付所有靠近他的人。没有人喜欢靠近刺猬、喜欢被刺。于是，最后只剩下他一个人孤零零地拥抱自己的寂寞。这就是他的人际模式，因此他经常感到无聊，也经常为自己的孤单寂寞感到怨叹。

其实，没有人天生是刺猬的。如果你可以明白，这个刺当初是怎么长出来的，你就会心生怜悯。

好，我告诉你这个年轻人的刺是怎么长出来的。

他告诉我，从小父母的感情就不好，一天到晚吵架，再加上他们各自忙着工作，所以，自从有记忆以来，他就从来没得到过父母的关心与注意。

他说，他从小就爱哭、常哭，哭是因为得不到父母的爱与拥抱，哭是为了讨爱。有一天，他哭得很厉害，当场却被父亲狠狠地赏了一巴掌，他说，从那一刻起，他决定不哭了。也在那一刻，他决定放弃父母的爱。

于是，从那天开始，他不再信任任何人，他把自己的情绪关起来，他开始怨恨老天爷，为什么要给他那样的父母？他更怨恨这个世界，他觉得别人都比他幸福，觉得上天对他不公平，所有的人都对不起他。

这就是他愤世嫉俗的根源，你了解吗？

聆听他的故事，叫人心惊又心疼。同时，也叫我陷入一种无助的状态，老实说，我也不晓得该如何帮助他。

当下，我能做的，就只是倾听、倾听、再倾听。我试着贴近他的愤恨与寂寞。然后，心里不断地默念着：“对不起，请原谅我，谢谢你，我爱你。”

最后，我告诉他：“虽然你放弃了，不再想要从父母身上得到爱，但至少，让我感动的是：你并没有放弃自己。”

案主怔怔地看着我。不解。

“如果你也放弃了自己，那么，你就不会来找我咨询了，不是吗？我很感动，你每次都准时到，可见，你很看重这件事。而且，更让我感动的是：每次你在我面前都表现了最真诚的自己，你从不遮掩，我想，如果你在外面也可以这样跟人讲话的话，朋友一定不少。”我解释着。

他突然身体往后倾，若有所思。

然后，我有感而发地继续说：“既然得不到父母的爱，那我们只好学会爱自己。自己给自己爱，这件事，是每个人的责任，而你，已经开始做了，不然的话，你不会想来找我谈话的，不是吗？”

听我这么说，第一次，他湿了眼眶。

会谈完毕，我站起来，走过去，给这个年轻人一个轻轻的拥抱。在那一刻，他身上的刺，不见了。

他变得好柔软、好柔软。

所有外在发生，都在内在

有时，困境才能打破我们，
帮助我们“重生”。
所有人生的困境，都是我们灵魂的召唤。

心理助人工作的方式其实是多元的，它不是一种固定的模式。

因为人本身就是多元的、复杂的，不是吗？这几年我以叙事理念做基础从事咨询工作，但不代表我不用其他方式，有时候，完形的空椅法、人际取向、萨提亚模式、心理剧、禅卡等，都会随着我的直觉灵感，交替出现在我的咨询室里。

这几年，生命走向秋天，自然而然地我对灵性的修持，渐感兴趣。

近年，我阅读了很多灵性书籍（灵性不等于宗教哦），也在生活中实践灵性（如静心冥想），连我的教学、咨询也都结合了创意的灵性概念。

一个治疗师会怎么做咨询工作，绝对跟他的生命状态有关。我很喜欢自己的咨询工作是流动的、有弹性的、充满人情味的，这表示，我的生命是活的，我不是一个僵化、一成不变的助人机器。生命本来就是流动的，心理工作无法“标准化”，它更不是一个固定流程的操作，不是吗？

有一次，我跟案主P谈话，我就尝试运用灵性概念去帮助他觉知，我很少这么做，因为不是每个人都适合，但这次是一个有趣的新经验。

P一来就告诉我：每个星期六他都会跟几个好朋友玩桌游，那是他一周里最开心的时光，但是上周的桌游聚会，却让他很不开心。

“因为他们作弊！”P愤愤不平地说。

严格地说，也不算作弊，其实是桌友们有技巧地“卡”住P，不让他赢。

P说，为了赢，这两周他花了很多时间，晚上不睡觉，都在网络上跟人家玩桌游，想多磨炼自己的桌游技术。果然，技术大进，现在大家都怕他。正当他想要大显身手时，想不到，大家却联合起来“卡”住他，不让他赢，叫他很不爽。

P说：“这是我玩得最不开心的一次。虽然，最后我还是赢了。”

我一边同理他，一边笑着说：“对呀，你赢了，却也输了。”

他点点头，知道我在说什么。“虽然游戏赢了，却弄得自己很不开心，根本就违反了游戏的初衷，这就是输。”

然后我问他：“这个结果是谁造成的呢？”

P一向很能反思。但这一次，他搔搔头，不解。

我只好解释：“你想赢他们，难道他们就应该坐以待毙，让你赢吗？如果是你，你会坐以待毙让别人赢你吗？是谁一开始，把输赢看得这么重？是谁带出输赢的杀气的？”

“是我吗？”

“难道不是吗？如果你不想赢，干吗要花那么多时间，偷偷‘练功’呢？”我说。

“哈，对喔！”P承认，自己也笑了出来。

“所有外在的发生，都是从我们自己内在先发生的。”我跟P解释，“他们卡你，不想让你赢，甚至想赢你。这个赢的念头，最早是从你这边先‘发出去’、由你这边先开始的，不是吗？”

“所有你给出去的东西，都会回到你身上。不偏不倚。”我继续补充这个灵性法则，“你处心积虑想赢别人，别人自然也就处心积虑想赢你，不是吗？”

P若有所思，但不解，继续辩解着：“但我在乎的不是输赢，最让我生气的是他们使小动作、卡住我，联合欺骗我啊。”

“是吗？用你刚刚的话：你说他们‘欺骗’你，那你要不要看看，是不是你的内在有一个你，他先欺骗你自己呢？”我问。

P摇摇头，更加不解。

我于是提示：“想想看：你好几个晚上不睡觉，上网玩桌游，真的是闲得没事、只好练功吗？”我问。

“没有啦，其实我要段考了，很焦虑，不想念书，所以才上网……”P很诚实地回答。他是大学生，但有网络成瘾问题，跟我谈了好几次。

“你看，是你自己先欺骗自己在先，借着上网玩游戏来逃避要考试这件事的，不是吗？”

P恍然大悟，大叫：“对喔！”

接着，我与案主一起讨论关于他考试焦虑这件事，谈得很深入，P很有反思。谈完后，我跟案主都很开心。这次晤谈跟我过去的风格很不同，但感觉很流畅、很有能量。

类似这样对P的咨询方式，我后来又尝试了几次，发现都可以帮助案主做深入的觉察。是的，“所有外在的发生，都是从我们内在开始的”。往内看，答案就在自己身上。

还有一位案主因丈夫外遇来跟我谈，每次谈到先生都很生气，一开始我让她把愤怒的情绪好好发泄出来，谈了几次，等她稍微平静时，我才问她：“如果你先生的背叛，是从你内心发生的，你自己会怎么解释这件事呢？”

案主沉思良久，眼泪突然掉下来，我吓了一跳，问她：“怎么了？”她才缓缓地说：“其实是我自己先背叛自己的。”

她解释：“在婚前，同时有两个男人在追求我，当时我很犹豫。A是很幽默风趣的人，跟我很谈得来，跟他在一起也比较开心，但他工作不稳定，没有经济基础。B是我现在的先生，他看起来木讷老实，但有稳定的工作，我的父母要我选B。其实我比较喜欢A，但为了经济考虑，后来我听父母的选了B，是我先背叛自己的。”

她又说：“结婚后，我一心想当一个贤妻良母，一切都以家庭为重心，我很少外出，朋友也不多，一下班就回家，连高中、大学同学会都没敢参加。我很压抑自己的情绪，我把我的需要都放在家人之后，久了，我越来越不快乐，抱怨也越来越多，跟先生吵架的次数也越来越频繁。唉，其实是我先不爱自己的。”案主坐在我面前，深深叹了一口气，好像突然明白了一切。

我很讶异她的觉察如此深刻。要是一般人，绝对会因为自己的牺牲奉献却换来绝情的背叛而感到悲伤、愤怒，然后陷入“受害者”的框框里，自艾自怜，久久不能释怀。如果这样，其实也很正常，只是，一味地归咎他人、怨恨他人，并无法让自己从负向情绪中“脱困”，不是吗？

解决之道，除非我们转向，从外转向“内”去自我看见，如此生命才会有新的转机。

“如果我连自己都不爱自己，别人怎么可能会爱我呢？”案主突然意识到：原来先生的外遇，跟自己有关，其实是自己先背叛自己的。

在案主最后灵性的反思与领悟里，我看见她的脸“松”了，变得红润了。她的眼里虽含着泪，却闪耀着光芒。

通过灵性观点去重新理解这个发生，竟然帮助她重新认回自己，学习爱自己，那么，这个被背叛的痛就有了代价。做咨询工作多年，我经常领悟到：有时，困境不是要困住我们，它是要帮我们“打破”，于是我们才得以“重生”。

这让我想到《破碎重生》里的一句话：“当紧缩在花苞里终究比绽放更痛苦，时机就成熟了。”于是，我渐渐明白一件事：原来，所有人生的困境，都是我们灵魂的召唤。

尊重自己的感觉

一个懂得尊重自己的人，才能做到尊重别人。
你不能给别人你身上没有的东西。
实践尊重，从自己开始。

三月，春暖花开，这是一个很有生命力的季节。我喜欢在这个季节开始私塾的课程，在这样的花开季节，通过说故事、重写生命故事，生命就会像花一般逐渐盛开，这个历程很美。

在三月的第一堂课，初次见面，大家都很紧张。不过一旦给出故事后，距离马上消失，故事拉近我们彼此。不到几个小时，下课后，大家变得像老朋友般，依依不舍。

第二天一大早收信，立刻收到前一天晚上私塾成员美如给大家的来信。她写着：

大家早安，我是美如。

首先，我想先针对老师昨天对我的尊重表达感谢。

昨天，我真的太累了。

从去年到今年，因为多重角色的关系，让我一天二十四小时，几乎没有自己的时间，加上平时的工作就是倾听家暴受暴者的故事，让我昨晚几乎累到不想说话，就只想这么安静地跟自己在一起。

所以，昨天，我第一次敢大胆地拒绝老师的邀请（老师要我们分组分享故事时）。呵呵，这打破了我一直以来，想要当乖学生的规条（框框）。

后来，我静静坐在那儿，享受着自己与自己的内在对话。

在那一刻，我好安静，终于可以休息了，我好久没有这种平静的感觉。

于是，就在那个当下，我撞见了多年不曾哭泣的自己。（这故事留待以后有机会再跟大家分享。）

在那一刻安静地与自己相遇，很陌生，却也很感动。突然，我流泪了。

回家的路上，我慢慢走着，第一次感到自己的脚是踏在地上的，心里出现一种许久未曾出现的安稳。

此刻，我很想跟大家说：感谢你们昨晚的陪伴。

收到这样的信，很感动，也让我安心。本来，我是有点担心美如的。

昨晚，到底发生了什么事呢？

是这样的。每次私塾课上，当每个人写完自由书写之后，我都会邀请大家站起来，然后找一个人彼此分享自己的书写并说故事。昨天，当大家都找到了分享伙伴时，只有美如一人还站在中间。当天人数是单数，我以为她找不到人配对，就善意地跟她说：“你可以找其中一组加入，没关系。”但她犹豫了一下，回我："我可不可以不要跟人分享，我想自己一个人就好。"

我一听，愣了一下，马上回："好，可以的。"

这是头一回，在私塾里有人不想要分组说故事的。

当下虽然有点讶异，但我也毫不犹豫地答应她。因为，"尊重"是我的价值观，我想尊重她的决定，虽然当下确实有一点被拒绝的感觉，但老实说，我一点都没有不舒服，因为知道她没有恶意。

当中，我只是担心：在大家彼此热烈分享的气氛里，她一个人坐在那里，会不会感到孤单、不自在。这是我唯一的担心。

显然，我多虑了。

当早上收到这封信时，我很感动，也大大地放心了。

于是，我立即回信告诉美如："我很欣赏你懂得尊重自己的感觉。"

我跟她说，如果是我，我会为这个故事命名为"第一次敢拒绝老师，先照顾自己的美如"。在每个行动里，给予"命名"，就更能彰显自己的动能与行动的意义。这是叙事的做法。

我真的很看重美如这次的"新决定、新行动"，在行动中，她展现了照顾自己、爱自己的方式，没错。

这个故事代表：美如开始回到自己身上，聆听自己的声音、自己的需要。这件事很重要。我很高兴美如做到了。

当她可以尊重自己，不委屈自己带着疲惫的身心勉强去听别人讲故事时，其实，这对别人也是一种尊重，不是吗？当你没有能量、身心疲惫时，是无法做好聆听的，请相信我。

一个懂得尊重自己的人，才能尊重别人。你不能给别人你身上没有的东西。实践尊重，得从自己开始。我很感谢她写这封信给我，在她表达我对她尊重的感谢时，其实她也用这种方式在尊重我，这让我很开心，因为，尊重是互相的事，在关系里，我把人永远放在第一位。

我常说，私塾是一个“修炼道场”。在这里，我们一起在修炼的是“真诚做自己”。别以为这件事很容易，不，不容易的。

尊重，是私塾里我最看重，也是最要去实践的价值。而且，这件事，我愿意“以身作则”。

第一次上课，美如就实践了“尊重自己”，这是好的开始。

下次上课时，我一定要把这个“尊重自己”的故事，再好好说一遍。在日常生活的互动里，给出最好的学习与看见，私塾里，我们是这样在学习叙事、实践叙事的。

早知道是做梦，就早点醒来

在死亡面前，所有的恩恩怨怨，
都会变得如此渺小、微不足道。
死亡是最好的老师。

昨天在私塾，一位学员跑来问我："你认识一位做家排的W老师吗？"

我回她："认识啊。"

"听说他上星期去世了。是吗？"

啊，好讶异，"怎么这么快？"

我跟W不熟，但他上过我的工作坊，因此认识，他是一个很有反思精神、很有慈悲心的老师。

这几年很流行家排，常有学生问我哪个老师带得好，要我推荐。我知道家排是很有力量的灵性课程，带领者很重要，不然会有后遗症，通常我都不敢乱推荐，但如果一定要我推荐，我大概会推荐W吧。

半年多前，听说他去医院检查，竟然得了大肠癌，而且是晚期，真叫人吃惊。

后来，在他的脸书里，看到他写的文章，记录自己面对癌症、做化疗的心情与反思，他真勇敢，我很佩服。是啊，这种事要能坦然面对，还敢如此公开跟大家分享，这需要多大的勇气与智慧啊。

最后一次知道他的信息，是半年前他住院手术，之后，就再也没有W的消息了。直到昨天。

说来奇怪，怎么最近我经常想起W曾在脸书上分享的一个故事，于是接下来几个星期在私塾或工作坊上课时，我就一直分享给学员听，每个人都感触良多。

这个好故事的大意是如此：

有一天晚上，W做了一个梦，梦见自己出国旅行，但行李却在机场弄丢了。

当下，他好焦虑、好着急，跑去跟机场职员理论，但机场的人却不理他，他更生气了，于是对着机场的人发飙、咆哮，然后争吵了很久、很久，吵到他声嘶力竭、累了，也终于醒了。

醒来的片刻，他觉得好累、好累，突然发现：原来自己是在做梦。然后，第一个念头是："还好这是做梦，不是真的。"

但紧接着，第二个念头却跑出来："唉，早知道是做梦，就不要跟人家吵这么久。好累啊！"（哈，白吵了。每次说到这一段时，我都会一直笑、一直笑。）

但紧接着，第三个念头又跑出来叫他心惊："其实，人活着，不也是如梦一场吗？"

不知道怎么了，我好喜欢这个故事。

这真是一个美好的领悟。没错，人生如梦。

如果我们可以时时这样提醒自己，人生如梦幻泡影，我猜，很多事我们就不再那么计较了，不是吗？如果我们知道这一切都是幻象，你所拥有的一切都不是你的，我猜，我们就很快可以放手、松手，不再执着了吧。

但要从红尘俗事的枷锁与纷争中醒来，放手，真是不容易，这是修行啊！

难道不是吗？人活着，我们所计较的一切，所掠夺与拥有的一切，到最后，不都是一场空吗？到了死亡的那一刻，棺材里装不下你的财产、名声、子女，一样你都带不走，不是吗？

W的死让我感触良多，人生美好的一仗，他已经打完了，愿他可以安然地在天国里，不再纷争、不再烦恼，安静地做一个幸福的天使。

于是，有感而发地，当天我问私塾伙伴们这个问题：

“如果你知道你的生命还剩下一年，请问你还会这样过日子吗？请问最近那些让你感到伤心、难过、愤怒的人或事，你还会那么执着吗？”

这是一个好问题。

在死亡面前，所有的恩恩怨怨，都会变得如此渺小、微不足道。

死亡是最好的老师，这是昨天私塾里，我们最大的共同体悟。

感谢W给我们的礼物。

然后，今天早上醒来，我突然有个灵感，很想把W的故事写出来，放在脸书与博客上跟大家分享。因为这真是一个难得的好故事。

接着，那一整天，好多人留言给我，告诉我这个故事有如“及时雨”一般，帮了他们大忙，这故事刚好对自己最近的处境给出最好的提醒与棒喝。到了晚上，脸书上已累积了两百多个赞，还有一堆的留言。

晚上睡前，我躺在床上，突然感到一股莫名其妙的安稳。这份安稳，来自W的故事里的了悟，还有这故事带给大家的疗愈。然后，我突然很感恩，心里对W说：“感谢你，留下一个好故事给我们。”

当下，我深深领悟到：一个人走了，他什么也带不走，什么也无法留下，久了，所有的人都会被遗忘的。然而，唯一可以留下的，就是故事。

通过故事，让我们记起了这个人，也记起他带给我们的生命智慧。

故事，大概是我们可以留给后人的最佳礼物吧。这是我从W身上得到的最大感悟。

（P.S.：愿以此文悼念吴文杰老师。）

偏见无所不在

你不得不承认，这个世界充满了偏见。
常常，我们不是把人看得“太大”，
就是把人看得“太小”。

曾经有一期的高雄私塾，来了两个出家师父。

这几年，参加私塾的朋友来自各行各业，什么角色都有，见怪不怪。我喜欢这样多元的生命交流，如此更加丰富我们每个人的生命。我始终相信，所有会来到私塾的人，都是我们彼此灵魂的召唤，目的是要我们在彼此的生命里，看见自己，相互疗愈。

但私塾里出现出家师父，还是头一遭。对于师父的到来，我有点期待，但也保持平常心。

开课前，我跟林老师说起这件事，想知道他的反应。他也是平常心，只是淡淡地说：“很好啊！”

林老师也是一个奇特的人。

他是天生的修道人，热衷于探询人生真理，他的上半生花了很多时间在宗教里翻滚，曾探访过大大小小的庙宇，见识过各式各样的大师、法师，甚至还曾经出过家，但后来，经历了一些事，让他赫然了悟：“上师不在外面，上师原来就在自己心里。”很多人想在信仰里找寻自己，最后却是“有了上师，没有了自己”，这是信仰上最大的矛盾。

顿悟后的林老师，还俗了。他回到人间，也回到自己身上，放下执着，不再向外追寻，进而转向“内”，往内在去找自己的灵性大师。

这是多美的领悟呀。

我知道还有许多人正迷失在宗教的丛林里，东抓西取，还是静不下心来。他们忘了，信仰的目的不过是帮助我们可以清明觉知罢了，但人却往往过分仰赖权威、盲目尊崇大师，而忘了修行的初衷，忘了回到自己的心里去看见。切记，佛不在外面，佛始终都在自己的心里。上帝也是。

第一次私塾上课，依照惯例我都会前一天下高雄，跟林老师一起打扫、清理寂园，通过清理，我们让寂园保持在最佳的能量状态，好迎接明天的“贵客”（私塾成员）。同时，这也是我与林老师实践对生命礼敬的仪式。

我很喜欢这个迎接生命的“仪式”，通过这个清理过程，我们也在帮自己“准备好”。成为人师，把自己准备好是必要的。

清晨，阳光普照，洒扫完毕，我在面对莲花池的窗户前打坐，让自己静心。

学员陆续前来。多数人是第一次来上课，当然个个都很紧张，这很正常，但是，当他们一踏进寂园，跟这里的花草、竹林、木头建筑、优雅摆饰接触以后，很快地，心就安了，人就放松了。环境对人的影响真的很大。

人到齐，就定位，我敲了一声钟（磬），表示开始了。当下，悠扬的磬声，把每个人的心带到此时此刻，我很喜欢这样的开始仪式。

首先，我先致辞，欢迎大家的到来。“这是彼此灵魂的召唤。”我依然如是说。“在这里，我们学叙事，其实就是在学习如何过生活、让自己活得像一个人、活得轻松自在。”我又说。

接着，我分享了自己的心情：“这一期私塾出现了两个法师，我这几天一直在想，如果这一切都是灵魂的安排与召唤，那这次出家师父来到我们面前，上天是要我们学什么呢？然后，昨天傍晚，当我在寂园庭院的草地上扫落叶时，面对温暖的夕阳、清风徐拂，心里顿时冒出这句话：‘众生平等。’”

对呀，叙事的“尊重”，其实就是实践“平等心”，不是吗？

最后我提醒大家：“别忘了，出家师父也是人哦。”当我这样说时，大家哈哈大笑。

废话，出家师父当然是人。但这句废话不得不提醒，不然，人常常会有偏见，我们只会看见外面的“袈裟”，却看不见“人”。

你不得不承认，这个世界充满了“偏见”。常常，我们不是把人看得“太大”，就是把人看得“太小”。

当这个人（如官员、富商、教授、法师等）有地位、权力、财富、学识时，我们就不自觉地把这个人“抬高”一点。但如果这个人没钱、没地位、长得不好看、俗气，我们就理所当然去贬抑、看轻这个人（如乞丐、流浪汉、工人等）。如果没有觉察，我们经常如此，不是吗？尽管我们都知道“平等心”很重要。

美国ABC电视网有一个知名的节目叫“你会怎么做”（What would you do），我很喜欢这个充满人道的节目，里面的影像经常被我用来做叙事教学，帮助大家觉知自己的偏见。

每次节目中，他们都会在现实生活安排一些“情境”，看看人们会做什么反应。例如，安排一个流浪汉到餐厅里用餐，并让餐厅职员去羞辱他、赶他出去，看一旁用餐的人会如何反应；或是有妥瑞症[1]孩子的家人在餐厅里用餐，当孩子发出怪声音、做出奇怪举动时，看看一旁用餐的客人会做什么回应。另外，还有一个我很感动的情境是：一位女同性恋者在婚纱店试穿礼服，当她找到一件很喜欢的礼服正雀跃不已时，却当场被歧视同性恋的店员拒绝，要她脱下礼服。当中，有个客人看见后立刻愤而转身离开，不想在这家婚纱店消费了，甚至还有人当场替这位女同性恋者叫屈、落泪。

这个节目摆明了就是要叫我们看见：人的偏见，无所不在。这也是叫人受苦的原因。

节目里每次安排的情境，虽然不是每个人都能挺身而出为弱势者发声，但是，每次只要有人愿意挺身而出时，都叫我感动得

1 妥瑞症，即抽动秽语综合征，指以不自主地突然多发性抽动以及在抽动的同时伴有暴发性发声和秽语为主要表现的抽动障碍。

热泪盈眶。原来，慈悲心、平等心是一种日常的生活实践，就像呼吸一样平常，它不是口号、不是道德，更不是宗教。私塾里，经常也创造各种情境，好让我与我的学员一起去学习这件事。就像这次师父的到来，即是如此。

是的，出家师父也是人，他们也有悲伤挫折，也有喜怒哀乐，他们也会流泪，有时也跟我们一样脆弱。唯有打破既定印象与偏见，我们才能真正看见“人”，这就是私塾里，活生生的平等心实践。

不用改变，于是改变

生命充满矛盾，
你越想要改变的，越是改变不了。
当你不再强求改变，接受自己就是这样时，
生命于是改变了。

有一天，我在一本书里，看到某个灵性大师写道："灵性老师只做三件事：第一，也是最重要的一件，他们会聆听别人说话；第二，他们会问问题；第三，他们会讲故事。"

当看到这段话时，我心中大喜，心里喊着："这不就是叙事咨询师所做的事吗？"

是呀，上课时我经常会说，叙事治疗其实只在做这三件事：聆听故事、说故事及响应故事（就是问好的问题）。只要能做好这三件事，你就是在做叙事，同时也就能帮到别人了。

在《故事的疗愈力量》里，我花了很大的力气讲这三件事。生命之道，藏在故事中，除非你聆听，不然无解。如同某大师说的："人与真理之间最大的距离，只差一个故事。"所以，除非聆听故事、说故事，不然，你无法"抵达"他人的生命，去领略生命的真理与智慧。

确实，叙事咨询最注重的，就是聆听。

但叙事里聆听故事的耳朵，不是一般“问题解决”的耳朵。问题解决是一种理性的思维，但叙事里，我们不分析、不批评、不论断、不指导、不建议，叙事的聆听，是一种“全心全意”的生命投入。但要如此全心全意是不容易的，我发现：这跟一个人的生命状态是否够安稳有关，只有安稳的生命，才能全然投入、静心聆听。

这几年，通过静坐、书写，让我张牙舞爪的生命得以渐渐安歇，这是我安稳自己生命的方式。

于是这几年，在更多的临在（活在当下）与安稳中，我的生活与工作，渐渐有了转化。

就拿前不久的咨询故事来说吧，它让我确认一件事：安静地聆听，就有疗愈效果。安静，带出一种巨大安定的力量。

那一天，A第一次来找我晤谈。当A一进来，我马上感受到她内在有一股巨大的悲伤与愤怒，她红着双眼，显然刚哭过，或许已经好几夜没睡觉了。

我邀请她坐下，看着她，给出温和的眼神，缓缓地做出邀请：“想跟我分享什么故事吗？”

在那个当下，我让自己的身心保持全然地放松、开放、安稳、临在。

多年来，我发现，只要我像这样把自己准备好，就可以把自己变成一个“厚厚的软垫”去承接别人所有的一切。不管是悲伤、愤怒、沮丧、挫折、罪恶感、自责，所有的情绪，通通可以被稳稳地接住。如此，也正是A此刻的需要。

当下，我看着她，不说话，让大脑停止运作，让自己处在一种“无我”的状态，不管言语上或脑袋里都不要出现任何评断、分析。我只要安静聆听就好。（这很难，相信我，我学了很久。）

然后，A迫不及待地开始说话，急促的话语，有如大雨奔腾般直直落下，稀里哗啦，情绪彻底宣泄。

“我那么爱他，他怎么可以这样对待我……”A大吼着。

原来，有一个她爱的人背叛了她，让她伤心欲绝，A怨恨对方，也怨恨自己，在深深的怨恨里，A否定人生，也否定自己。

她滔滔不绝地发泄了50分钟。我一直聆听、一直看着她。渐渐地，瓢泼大雨变成了小雨，她的声音越来越缓，身体也越来越松，最后，雨停了。

突然间，A停下来，看着我，说：“其实我很傻，对不对？明明早就知道他已经不爱我了，却一直在自欺欺人，与其说他欺骗我，不如说是我自己欺骗我自己，是吗？”说完，A的眼神里，出现雨过天晴的晴朗，脸上的线条也柔和许多。此刻，生命里出现了一道彩虹。

然后，我跟她说：“我很欣赏此刻你对自己的诚实觉察，这是很痛的领悟，没错。能有觉悟，这就够了。”然后，我依然安静地看着她。

时间到了，她欠身跟我道别与道谢。离开时，脸上多了一些平静。

下次再见面时，A的心情虽然还是阴天，但已经不再下大雨了。

坐下来，她对我说：“上周谈完后，我一个人在街角的咖啡厅坐了许久，后来又去看了场电影，心情突然变得好平静。那晚，我睡了一个好觉，是这几个月以来，睡得最香甜的一次。醒来后，我领悟到过去从来没有为自己好好活，我都是在为别人而活，我感到有点悲哀。我还是很痛苦……”

我继续在深深的安静里，聆听她的痛苦与觉知，并接受她目前的状况，不认为她需要马上改变什么，她只要能觉知自我、跟内在的自己有联结就好了。

跟A的晤谈，让我深深体验到用心智脑袋聆听与所谓“回到大我”里的聆听差别在哪里。我承认，过去的我，也经常停留在脑袋里的心智运作，我很难安静、很难放空，我一直想要有所作为、操控一切。

这几年的叙事学习与灵性操练，让我渐渐明白了聆听的真谛。聆听不是用脑袋去思考，它是一种内在的灵性运作，在深深的聆听里，展现了一种无为与全然的接纳。而接纳，就是爱。

于是我突然想到《零极限》里，修·蓝博士说：“治疗师不管用什么学派、什么取向都没关系，重要的是：你要爱那个人（案主），因为他是你的一部分，而你的爱能帮他清除、清理、清净他生命里启动的负向记忆。”修·蓝博士也是一个重视聆听的人。

此刻，这又让我想起某本书里的一个故事：

多年来我一直有精神方面的困扰，焦虑、沮丧又自私，我认识的每一个人都不断要我改变，我厌恶他们，但又不得不同意他们是对的。我想改变，但就是做不到，不论我做了多大的努力。

伤我最深的是我最好的朋友，他跟其他人一样，一直强调我需要改变。我觉得很无力，像是困在陷阱中的猎物。直到有一天，另一位朋友竟然对我说："不要改变，我爱你现在这个样子。"这句话对我而言就像悦耳的音乐——"不要改变，不要改变，不要改变……我爱你现在这个样子。"我整个人轻松了下来，我活了过来。突然间，我改变了。

现在我知道了，除非我知道有人不论我是否改变都一样爱我，否则我是无法真正改变的。

我爱极了这个故事。

是的，生命充满了矛盾，你越想要改变，就越改变不了，而当你不再强求改变，并接受自己就是这样时，生命于是改变了。

生命其实是无法用意志操控的，于是，我又想到余德慧老师讲的"自然疗愈"。

后现代强调的自然疗愈（nature healing），是一种非刻意的心性自然转化。他说，助人者不能用自己的意识去"介入""干涉"案主的生命，这种有目的的操作及想要改变别人的"助人意识"，有时会适得其反，帮助不了他人。

我很同意这个说法，这些年我的助人理念也渐渐通往这种"无为”。这个无为，不是不作为，反而是一种接纳生命的大作为。

对待生命，有时我们得有这种“坐看云起时”的清静无为，让一切在自然中发生，并以平常心视之。

这种自然的不作为，帮助我在面对人的悲苦与病痛时，可以用“迎接”的态度去理解它，并与之同在。如此，取代了过去传统医学或心理治疗的积极作为，我不再急着想要去“治疗”个案，或想要对症状“除之而后快”。如此，我的咨询工作也变得自在、轻松许多。

在无为中的我是放松的，这让我更能与生命同在。在无为里，也让我得以安静，进入深深的聆听，聆听上天的旨意。或许，这就是海德格尔所说的：我们能做的，只有沉默，聆听召唤（listen to the calling）。

好一个“聆听召唤”。这几年，我的生活、我的叙事灵性工作，其实就是在做这样的操练。

故事最终回

拥抱不完美，与自己和解的时刻

故事说完了，真开心。

交稿的那一刻，我心里出现极大的平和。然后，我先去游泳，再到公馆吃一碗丰盛的南瓜海鲜拉面，接着去逛诚品，我终于恢复了日常一般无所事事的轻松生活。

我喜欢说故事，但说故事这件事很矛盾，它既耗能却又补充能量。怎么说？因为说故事时你得诚实面对自己，要面对自己的不完美，这件事是很耗能的。但是，当你愿意真实面对自己的不完美，把自己认回来时，却又会带给你一种完整的存在感，当下，人立刻充满能量与生命力。

那一晚在诚品，我买了一本好书《死过一次才学会爱》。光看书名就吸引我。没错，每说完一次故事，我都觉得自己像是"死过一次"一样。喔，原来我内心的平和是这样来的。

"置之死地而后生"，没错，说故事常让我有一种重生的感觉。

每说完一个故事，就认回一个真实而不完美的自己，这等于是把某个虚幻完美的自己给"赐死"一样。每死过一次，一个新的自己就活了出来，这就是所谓的"重写"生命故事。

《死过一次才学会爱》讲述的是真人真事，作者艾妮塔描述自己罹患癌症的历程与心情，故事很生动，她把面对癌症的恐惧通通认回来。为了专心抗癌，她辞去工作，远赴印度，向僧侣、印度瑜伽师寻求疗愈之道，但终究还是失败，因为她始终过不了“恐惧”这一关。最后在医院，她器官衰竭陷入昏迷，即将宣告不治。然而，就在医生抢救过程中，她却来到了另一个世界，在那里，没有时间，只有满满的爱，她感觉自己“回家”了。在那一刻，她感到与宇宙万物是一体的（这是很多濒死经验者的共同体验）。

最后，出于自由意志，她选择重返人间，奇迹式地复活了。不但如此，几天后，身上的癌细胞竟然全部消失、不药而愈。神奇吧，简直是奇迹，你相信吗？我相信。在故事疗愈里，生命本身充满了奇迹，我经常在见证生命奇迹。只要你敢面对自己的恐惧与伤痛，坐下来，好好说故事，就会有疗愈，奇迹就会出现。

那本书封面写着：“为了把过去的自己爱回来，我选择回到人间。”看到这句话时，我立刻联想到自己的书，于是心里冒出：“为了把过去的自己认回来，于是我选择说故事。”说故事，是人开始爱自己的第一步。

艾妮塔坦言她的疗愈不是来自正面信念的力量，而是因为她完全放下过去的教条与成见，当她可以坦然面对自己的恐惧（害怕自己不够好、怕别人不爱她），当她可以接纳自己就是这样时，她于是放过了自己，这就是实践“爱自己”。

因为爱，使她重生。她说：若不是因为癌症，她永远学不会这件事。呵呵，真巧，她说的疗愈历程刚好跟我的“故事疗愈”一模一样！但现在，你不一定要去经历癌症带来的痛苦，你只要坐下来、老老实实地说故事，你就开始疗愈自己并爱自己了。

爱自己就是全然地接纳自己，说故事刚好就是在做这件事。

生命走到秋天之际，我越来越明了生命的不完美是一种必然，于是我从说故事中学习接纳自己，进而慈悲待人。

说完故事，我甚至体悟到：原来，生命之所以美好就是因为它不完美。就像艾妮塔一样，如果她没有罹患癌症，没有经历这些痛苦，她如何能去体会生命的大智慧？又如何能写出这本书呢？

于是，我们得向生命的不完美深深致敬。不完美是一份礼物，它是我们的老师。不完美就像蚌壳里的一粒沙，它折磨我们、叫人受苦，却也让生命长出一颗美丽的珍珠来。

这本书说了很多关于我及个案案主不完美的故事。我知道，故事总是迷人的，在当中，你会不小心看见自己。说完故事，不代表我能（或我要）去除这些恼人的不完美。不，刚好相反，说故事的目的，是为了让我与这些不完美“共存”。

故事的疗愈在于让我们得以重拾生命中每个碎片，然后把它们拼起来，使生命变得完整。这个历程，就是在自我接纳，就是你与自己的不完美“和解”的过程。和解了，人就不用天天跟自己打架，我们才可以安安稳稳地过日子。

在人生这场戏里，观众是必要的。想再次感谢所有良善的读者，你们的阅读与响应是让我继续说故事的动力来源。

如果因为这本书，让你看见了自己的内心，并让你愿意开始说故事、接纳自己的不完美，那就太好了，欢迎你写信给我，与我分享你的“看见”。

最后，我想深深感谢这本书中每个故事的主角。虽然故事都已经修润过，故事里的他已经不再是“他”，但是，如果没有这些朋友的故事当基底，我是无法写出这一篇篇动人故事的。一人的故事，众人的故事。其实这故事到底是谁的已经不重要了，重要的是，我们能够在这些故事里，看见自己，疗愈自己，并体悟人生。

当然，我也要衷心感谢我那不完美的母亲，没有她的不完美，就没有我的痛苦与领悟，没有这些痛苦的经验，就不可能有这本书的出现了，不是吗？

今生能有幸成为叙事取向的心理咨询师，能够好好去听故事，说故事给大家听，这是上天的恩典。能这样活着，让我感到幸福，我的人生，值得了。然后，我这才发觉：是“不完美”造就了今天的我，不是吗？如今看明白了，心中既感慨又感恩。

说完故事，让我可以用更慈悲、幽默的方式，去拥抱自己的不完美，当我不用再遮遮掩掩时，我知道：我解脱了、我自由了。

通过故事，去成就一个不完美但真实的自己，对我而言，这就是我的人间修行了。

好，我的故事说完了，但属于你的故事，才正要开始。

“以故事引故事”，在不断的回应中，让故事有了新的生命，也让故事得以“生生不息”。因此，这本书最后的“附录”里，集结了上一本书《故事的疗愈力量》的读者回响。这样的分享不是想炫耀什么，而是想让大家知道：故事是有力量的，一个好故事是多么激励人，甚至可以疗愈一个人。

由于来信的读者众多（真的很感恩！），限于篇幅，只能摘录几篇“精华”，还望读者多多包涵、见谅。同样，如果阅读此书也有让你感动的地方，欢迎写信与我分享。感谢你的阅读，在那个片刻，我们的生命与灵魂深刻交融着。

最后，再次深深合十、感恩。

（P.S.：如想写信与我分享心得，请寄E-mail至joe.chou@ms60.url.com.tw。）

附　录　满满的感动，满满的爱

——来自《故事的疗愈力量》读者的热烈回响

2012年8月底，周老师到北京开课，因为要去采访周老师的缘故，同事给了我这本书。本想随便翻翻就好，哪知我一看就“欲罢不能”，一直读到深夜，一口气读完后，当晚我激动得热血沸腾。

当时的我虽已在身心灵修行的路上走了几年，但一直还没找到让我心动、想跟随的“法门”。认识周老师后我又去上了他的叙事工作坊，他的课一样上得我热血奔腾。下课后，周老师对我说：“学了叙事，或许有机会可以翻转你的人生哦。”如何翻转？我不知道，但我的直觉告诉我，叙事疗法将能与我的写作、咨询甚至生活结合。慢慢地，讲完自己的故事以后，我一点一滴把自己认回来，当中，也让我看见：有一个“我”是如此不屈不挠地想要成为自己，我看见我做自己的勇气，这样的看见，叫我感动不已。

不久后，我写出了人生第一本小说《从伤痛中开出最美的花》。你相信吗？这本书只花了我短短的十一天就完成了。我怎么做到的？我完全用书里“自由书写”的方式去书写的。最近，我的第二本小说也已经写完，你看，叙事疗法在我身上开出了最美的花朵。

在此做见证是想要感谢周老师，他让我认识叙事，果然，叙事“翻转”了我的生命。未来，我将用我的一生，继续说故事、聆听故事、响应故事，并用心去创造更多的好故事，衷心期待，叙事也能去翻转更多人的生命。

——马冉冉，北京，身心灵作家

阅读完《故事的疗愈力量》，让我想起第一次听志建老师的公开课，确实有种被撞到了的感觉。他说话声音不大，却掷地有声，流露着对每个生命的好奇与恭敬。他不会对你进行传统授课，告诉你叙事的步骤，但你却可以透过他的态度学到很多课本学不到的东西，因为你可以全身心感受到他的掏心掏肺。还有什么比这更重要的吗？照本宣科很容易做到，只是他更愿意让人们体会从一个生命走向另一个生命的灵魂碰触。那是多么美好的时刻！人们可以真诚地彼此诉说，可以感动得热泪盈眶，可以激动地相互拥抱，都是因为他让我们听到、看到故事的疗愈力量。这在《故事的疗愈力量》一书中更是俯拾皆是、历历可见。

学习的目的不是停留，而是为了前进与成长，志建老师的至理名言“实践才是王道”，每每提醒着自己觉醒和实践。记得2013年我准备带七十多岁的伯父伯母去欧洲旅游探亲，历时两个月的繁复签证手续办完后，我莫名地开始恐慌。没坐过飞机的伯父会害怕吗？做过手术的伯母能承受长时间飞行吗？我们中途转机会遇到麻烦吗？……想到这里我开始紧张、心慌、不知所措，朋友一个电话打来说：“旅行就是变化的。”这简短的话语让我刹那间想起了志建老师，想起他用平和的语调讲述的“不确定性”。醍醐灌顶，那一刻我的心瞬间平静，想一想，人生不就是像这样充满不确定性的旅行吗？！我们只有让自己的心安静下来，才能全然欣赏途中变化无常的风景啊！

——石纳，北京协和医院乳腺中心医生

就好像在迷失的云雾里听到那一阵坚定的钟声，就好像在漆黑的夜幕下看到那一抹温暖的光，就好像在茫茫人海中找到了那一群慰藉心灵的同伴。看完这本书我感觉是那样充实和充满力量。那么多震撼人心的故事，那么多潸然泪下的感动，真正触摸到了生命的最深处，在那片有些荒凉的土地上，撒下了勃勃生机。

我欣然相信着语言的力量，相信着生命的奇迹，读完这本书就好似经历了一次找回自己的旅程，带着诚挚的心和温热的爱，重温生命的轨迹，轻声诉说着苦与痛，抚慰受伤的心灵。摘下面具的那一刻，尽管疼痛、尽管疲惫，却变得更加真实。

谢谢周老师，谢谢那些分享故事的美丽生命，你们的勇气也同样激励了我们这些读者，也许我们并不相识，却在看到故事的这一刻产生了奇妙的生命交汇，将阳光的温度纳入生命，一起重拾了生命的本来面貌。

——思思，北京

事实上这本书我看了好多遍，因为每一次阅读都有不同的感触。

有时会心一笑，有时悲伤掉泪，有时惭愧自责，有时充满勇气。

我忘不了第一次阅读时的那份感动，让我久久无法自已。

阅读完毕，我开始尝试通过这样的“故事聆听”来陪伴我的个案案主，在他们的故事里，我经常与他们一起掉泪，那种与生命同在的感觉，真的很不可思议。

后来我将这本书分送给许多自己所重视的人，希望他们也能感受到叙事所带给我的美好与力量。

我想这本书所展现的故事魅力，只要接触过的人，一定都会爱不释手！

——郝柏玮，精神科治疗师

教书教了16年，为了提升自我及教学能力，于是再进入研究所进修。念研究所时，很幸运地发现了志建老师这本心灵魔法书《故事的疗愈力量》。看完这本书，让我更真实地看见了自己，也让我在第五章“隐喻”及第六章“自由书写”中，找到了教学的新法宝！

从此，我和学生们都迷上了故事，也爱上了自由书写。现在，我的课堂里充满了欢笑，也充满了生命力。

——陈永展，小学教师

“Hi，小沙沙！我是未来二十几年后的你，很久没有观照到你了……”

这是一封我写给自己童年的信。越写内心越震荡，从小到现在一路狂奔，活在他人的评价之中，一直“完美”地活着，却从未感觉遇见过自己。

通过自由书写，真正“把自己变成五岁的孩子”，我开始发现原来自己是一个一直被爱的能量所包裹的幸运儿。30年的人生路似乎教会我：人要小心地活着，不要犯错。所以，我总寄希望于未来，等着不再警惕的那一天到来。这就是人生的全部吗？不，这不是，我现在可以很肯定地说。因为“生命是流动的、不确定性的”“过去不等于现在，现在不等于未来”，所以，说出自己的故事，时常对我们的生命加以盘点，这样我们才不会为过去的失足而懊悔，也会为未来做最好的准备。

能认回这一切，都要感谢志建老师，感谢志建老师的《故事的疗愈力量》。因为他的一句“人不需要完美，但要完整”，让我开始敢于说出自己“完整”的故事——自由书写，诚实面对自己，不再躲躲藏藏；让我开始学会均衡自己的生活，创造出走的机会，找寻属于我生命的那个出口。

——吴沙，GCDF全球职业规划师

一开始并不以为意，因为是督导提议我们看的书，说是给社工充电。

结果，我真的被电到了！！！边看边流泪。读完第一章，久久不能自已……

“任性”这两个字勾起我许多过往回忆：贫困的幼年生活、冲突的家庭氛围、不被谅解的休学决定、半工半读完成学业……一直到婚后建立一个完整的家庭，得到一份完整的爱，然后选择重拾书本，进入社工的领域。

原来，我也是有故事的人。原来，我会走上社工这条路，是有故事的。

这本书使得那个曾经因贫困而饱受委屈的小女孩心灵得到了安抚，并帮助她更有力量走在她所选择的人生道路上，虽然不会从此就一帆风顺，但如今的她，却更能领略风雨所带来的美意，那是滋润，是养分。

——叶怡君，社工

这本书没有太多专业习气让人难以理解或难以亲近，它反而使得想认识叙事、说故事的人，很轻易地可以懂“叙事”、懂得什么是“故事的疗愈”。

——一位学习故事疗愈的咨询师

我花了两天一下就把这本书给读完了，光是第一章“另谋出路”就让我读得热血奔腾。读完后，带给我很大的启发与动力。一个月后我决定离职，想去考心理研究所，想做我自己喜欢的事，我也想成为一个能够聆听生命的助人工作者。

——重生者，约聘人员

我有一个“不能说的秘密”，我隐藏了它几十年，不能说让我感到好痛苦。

看了这本书以后我去参加周老师的私塾，然后我很勇敢地说出了这个秘密，这好像是“告解”，但其实是跟自己“和解”。当我认回了过去那一段不伦迷恋以后，它不再捆绑我，我终于自由了。

现在的我，比以前更能放松过日子，脸上也经常展露笑容，我终于“重写”了自己的故事。

——小真，职场人

这本书，我看了好多次，每次看这本书时，我都有一种错觉，觉得这不只是一本书而已，它更像是我内心深处那个最柔软又良善的自己在对我说话。

它总是提醒着我，我可以轻轻地放掉那些好坏、成功失败等种种的评断，随着自己的呼吸，认回了每一个片刻的自己。这本书，打开了我的心，让我与自己同在。这本书，是我生命中的温柔时刻。

——陈伟元，心理咨询师

和志建老师结缘是在两年前，当时的我不明白为什么说自己的故事就会有疗愈的力量。参加了四期的私塾，通过不断地说故事，看清楚事件背后的我们是如何一路走过来的，这种“看见”

让我开始疼惜自己，也产生力量陪伴他人。

我用这本书带领两次读书会，同学们都很喜欢这本书，看完后对于诉说自己的生命故事，会有一种了然于心的感动和坚定。在聆听他人生命故事时，也有更多的看见和礼敬。只能说谢谢志建这本书，它让我爱上了叙事疗愈。

——Dr. 骆，大学教授

我曾以为，爱和生命都终将只是伤心的总和，然而这本书像是一把钥匙，开启了我生命的另一扇门，让我看见自己的故事原来还有另一种“新版本”，在新版本的故事中，我是如此的有力量并勇敢，我的故事被重写了。

——Dr. 张，大学讲师

延伸阅读

◎《故事的疗愈力量》（2012），周志建，心灵工坊。

◎《不完美的礼物》（2013），布芮尼·布朗（Brené Brown），心灵工坊。

◎《心灵秘径》（2009），吕旭亚、白崇亮等，心灵工坊。

◎《地海巫师》（2002），娥苏拉·勒瑰恩（Ursula K. Le Guin），缪思。

◎《喃喃》（2012），扎西拉姆·多多，宝瓶文化。

◎《零极限》（2009），乔·维泰利、伊贺列卡拉·修·蓝博士（Joe Vitale，Ihaleakala Hew Len，PhD.），方智。

◎《从未知中解脱》（2009），罗伯特·舒华兹（Robert Schwartz），方智。

◎《荣格自传》（1997），荣格（C.G.Jung），张老师文化。

◎《生命的意义》（2001），亚隆（Irvin D. Yalom），联经。

◎《破碎重生》（2011），伊丽莎白·莱瑟（Elizabeth Lesser），方智。

◎《觉醒时刻》（2011），巴观（Sri Bhagavan），方智。

◎《回家》（2012），赖佩霞、郭贞伶，早安财经文化。

◎《与神对话》（1998），Neale Donald Walsch，方智。

◎《死过一次才学会爱》（2013），艾妮塔·穆札尼（Anita Moorjani），橡实文化。

注：以上所列书籍均为在中国台湾地区出版版本。

猜测哪一条路线最近；然后教师通过小组活动让学生通过画一画、摆一摆的方法进行了探究活动，从而得出结论：三角形中任意两边之和大于第三边；最后通过各种形式的练习进行了巩固拓展提升。在整个教学过程中，许老师通过顺畅的过渡语、富有表现力的体态语、真实自然的评价语，在知识的传递、学生学习效果等方面较好地完成了本节课预定的教学目标。

2. 主要优点

（1）教学语言自然、简洁，富有指向性。在课始，教师直奔主题，“大家知道，许多数学问题都来源于生活，今天我们就到生活中寻找三角形的三边关系。”这样朴实、真实、自然的过渡语直接为下面的问题做好了铺垫。接着教师通过一个指向性的问题引发学生的思考，比如“小明要从家到学校，可以怎么走？”让学生初步感知生活中的三条路线就是数学中的三角形的三条边，从而激发学生探究学习的好奇心和欲望。

（2）教学语言富有启发性，引领学生对问题进行深入思考。在学生自主探究过程中，教师通过富有启发性的语言巧妙进行设疑。比如“为什么同样是三段小棒，有的能围成一个三角形，有的不能围成一个三角形呢？”一石激起千层浪，学生的思维瞬间活跃起来。学生通过经历围的过程直观地发现：当两根小棒长度之和小于或等于第三根小棒时，不能摆成一个三角形；只有大于第三根小棒时，才能摆成一个三角形，从而得出三角形两边之和大于第三边的结论。此时，教师看似一句平淡的提问“这样的归纳全面吗？”使学生敏锐地意识到结论的不严谨性。接着教师借助体态语言，在黑板上写出实验过程中的一种情形让学生用不等式表示，学生立即顿悟问题出在了“任意三角形”上面，从而对三角形三边关系的特征有了更进一步的认识和理解。结论探究出来后，教师并没有止于这一步，而是又抛出一个更具挑战性的问题，提问学生“我们实验的结果严密吗？”目的是让学生意识到，动手实践有时会存在疑点偏差，必须通过理性作图这一过程来验证实验的正确性，培养了学生思维的严谨性。

3. 教学建议

（1）教师要随时关注学生的发言，给予适时的评价。

（2）教师的肢体性语言还需进一步提升，更好地辅助知识的学习。

（3）教师语言需要在趣味性、科学性、艺术性和准确性上继续进行磨炼。

三、观课收获

教育家苏霍姆林斯基曾说过：“教师的语言修养极大程度上决定着学生在课堂上脑力劳动的效率。”通过对许超老师在教学语言维度的观课，我也深刻感受到教师准确、生动、优美、富有感情和启发性、激励性的语言，能够引领学生在知识的海洋中领略别样的风采。因此，在今后的课堂教学中，我要很好地锤炼自己的教学语言，拉近与学生之间的距离，沟通与学生之间的情感，让学生在轻松愉快的氛围中习得知识，彰显自己独特的语言魅力，让极具艺术性的教学语言为知识的教学开启另一扇更加明亮、更加富有内涵的教学之窗。

开启数学知识大门，解决问题策略之数学建模

——《植树问题》教学反思

本单元“数学广角”主要是渗透有关植树问题的一些思想方法，通过现实生活中一些常见的实际问题，借助线段图等手段让学生从中发现一些规律，抽取出其中的数学模型，然后再用发现的规律来解决生活中的简单实际问题。

植树问题通常是指沿着一定的路线植树，这条路线的总长度被树平均分为若干段（间隔），由于路线的不同，植树的要求也不同，路线被分成的段数（间隔数）和植树的棵数之间的关系也不同。在现实生活中类似的问题还有很多，比如锯木头、敲钟、花坛摆花等问题，这些问题中也都隐藏着总数和间隔数之间的关系。

在植树问题中植树的路线可以是一条线段，也可以是一条首尾相接的封闭曲线，如圆形。即使是关于最基本的一条线段上的植树问题，也可能有不同的情形。如两端都要栽，一端栽另一端不栽，两端都不栽。而在封闭曲线上的植树问题可以转化为在一条线段上的植树问题中的“一端栽另一端不栽”的情况。

总结归纳植树问题的解决方法。在例 1 的教学中主要学习两端都栽的内容，教材的安排是由一个男孩说出容易想错的想法“每隔 5 米栽一棵，共栽 20 棵”，接着引出解决问题的方法，即从简单的问题入手，把复杂的问题转化成简单的问题，由此渗透数学思想——化归思想，从而发现两端都栽的规律：棵数 = 间隔数 +1，最后按照规律解决例 1 问题。在教学中要注意理解总长、间距、间隔数的意义及其之间的关系，要让学生发现总长 ÷ 间距 = 间隔数。在例 2 的教学中，首先引导学生这类问题属于什么情况，然后放手让学生通过画线段图理解、分析、思考，进而发现当两端都不栽时的规律：棵数 = 间隔数 -1，由此来解决问题。通过问题的解决让学生完成做一做的第 2 题，学生会发现这类问题属于一端栽、一端不栽的情况，启发学生思考，独立解决问题，并找出其中的规律，即棵数 = 间隔数。在例 3 的教学中，首先让学生通过画图发现封闭图形中曲线上的植树问题，启发学生联系已有的知识找出其中蕴含的规律，即棵数 = 间隔数，并发现这与前面所学的一端栽、一端不栽的情况相符合。通过不同植树问题的方法的总结，学生就会依据题目的特点灵活选择解决问题的方法。

此外，在教学中还要注意突出线段图的教学，帮助学生直观理解植树问题的数学模型。在植树问题中最重要的数学思想就是模型思想，而如何让学生理解从实际问题中抽象出数学模型的过程是教学植树问题的难点。为了突破这一难点，在教学中应突出线段图的教学，通过几何直观帮助学生理解植树问题的数学模型。在实际的教学中，例 1 先画出形象的线段图，然后抽象成线段图表示两端都栽的情况；例 2 通过迁移呈现出两端都不栽的线段图；做一做第 2 题让学生通过迁移画出一端栽一端不栽的线段图；例 3 让学生理解封闭图形植树问题，放手让学生画图思考并沟通与一端栽一端不栽的线段图之间的联系，由此理解和建立植树问题的数学模型。

在植树问题的教学中要注重培养学生的数学思维能力和解决问题的能力。在例题的教学中，注重让学生经历观察、猜测、验证、推理与交流等活动，使他们既学会一些解决问题的一般方法和策略，又逐步形成求实态度和科学精神。在例 1 的教学中通过“对吗？检验一下”“100 米太长了，可以先用简单的数试试”“你发现了什么规律”等渗透了“猜测——探索——归纳——应用”的解决问题的策略和化繁为简的解决问题的方法。

当然，在教学中也存在很多不足，如对于在路的一旁、两旁栽树强调不足，导致学生在练习两旁都栽的时候出现没有乘 2 的现象，对于逆向思考的植树问题练习量不足，导致学生出错。

在以后的教学中，要注重把植树问题进行分类，属于哪种情况植树问题：如敲钟问题、爬楼梯问题、锯木头问题。对于封闭图形中的逆向问题要增强练习，特别是每边种 10 棵，求总棵数的问题，对于逆向思考问题还可以从数学模型之中进行倒推，注重培养学生逆向思维的能力，提高学生对数学问题的解题能力。

感知—经历—探索—发现—深化—运用

——苏教版《找规律》教学反思

这节课是在全国第二届两岸三地同课异构教学研讨会上进行的课堂教学优秀展示课活动。通过这节课的教学实践，让我对这节课的理解更加理性。

成功之处：

1. 游戏引入，初步感知规律，激发探究欲望。在教学中，由学生喜闻乐见的“石头剪刀布”的游戏引入，激发了学生学习的兴趣，探究欲望油然而生。导入设计具有趣味性，能够密切联系生活，突出数学本质，对后续新知的学习非常有帮助，并且结尾的设计与导入遥相呼应，结构紧凑。

2. 亲历过程，主动建构，在活动中探究选配方法。新授教学中，例题的呈现是动态的，逐步完成，在出示完条件之后，让学生自己来提出问题，这样做的好处是有利于培养学生发现问题、提出问题、分析问题、解决问题的意识和能力，符合课标精神。在新授中，让学生经历了由实物操作到符号表示的过程：实物操作有利于学生掌握原始资料、明白事理、掌握探索方法，直观形象，印象深刻；而用符号表示使思维更清晰简洁，能把操作的过程、搭配的痕迹清楚地呈现出来，这是学生思考最原始的材料。在这个过程中，学生在没有任何学具的情况下，通过自己的独立思考，把实物抽象成符号、字母、数字来表示出 6 种选配方法，学生经历了由实物到图形，再到符号的过程，有利于培养学生的符号意识。这样设计，让学生亲历了做数学的过程，主动建构新知，初步体会有顺序、有条理搭配的有序数学思想。

3. 拓展延伸，发现规律。在教学完例题后，通过变式拓展延伸，从增加 1 顶帽子到增加 1 个木偶及 5 顶帽子和 6 个木偶，再到学生自己举例，更好地发挥了例题的利用价值，对于抽象出数量关系有了更为坚实的基础，也更加有利于学生发现规律。

4. 尝试运用，深化规律。练习中通过不同的选配问题，有目的、有层次、有梯度，利于学生进一步应用规律解决问题。练习的内容充实，除书上习题外，又做了必要的补充，特别是“饮料、点心”一题需逆向思考，这对学生提出了更高的要求，这样设计更具思考性。教师在教学中不应仅仅局限于教材内容，既要面向全体，又要关注个性差异，在这一方面很好地诠释了面向全体与因材施教的关系。

5. 板书设计科学，突出了教学重点“有序”关系式，使学生对本节教学内容的脉络一目了然。

6. 安排学生阅读数学课本，便于学生更好地理解本节课的内容。

不足之处：

1. 教学过程中，教师一定要细心倾听学生的发言，科学处理动态生成。

2. 数量关系式应该更好地与乘法的意义联系起来，要让学生更好地理解为什么 3 顶帽子、4 个木偶一共有 12 种选配方法，要处理好数学本质问题。

3. 合作学习要充分，重点处、疑难处等可以让学生小组合作、探究讨论。

再教设计：

在教学中，要始终关注“有序”列举，突出“有序”这一数学中的核心思想。对规律的揭示，还应逐步深入，并且紧密联系乘法的意义进行教学。另外，在教学中还可根据施教班级的实际情况设计内容，做到用教材教，而不拘泥于教材。

梳理归纳，构建知识网络

——《位置与方向》复习课教学反思

紧张的期末复习工作又开始了，如何高效地上好每一节复习课，是摆在我们数学教师面前一个值得思考的问题。复习课是以巩固梳理已学的知识，使之形成知识网络，从而提高基本技能，增强解决实际问题能力为主要任务的课堂教学。但复习课往往使我们感到难讲，学生感到乏味。究其原因，主要是学生认为是自己学过的知识，学得没劲，老师上得累，学生学得腻。课堂教学效果往往不理想，而上好复习课，对学生巩固学过的知识，为后面的学习打下良好基础，却至关重要。因此，在复习第一单元《位置与方向》时，我放手让学生自己去梳理学过的知识，把复习的主动权交给学生，让他们主动参与，自主探究，效果比较好。

反思这节课的教学，我想，在以后的教学过程中要注意把握好如下三个问题：

1. 由于《位置与方向》这一单元的知识，对于三年级的学生来说，东、南、西、北、东南、东北、西南、西北八个方向的方位概念的掌握还是比较抽象的，学生需要大量的感性支柱和丰富的表象积累。因此，在复习中不仅要求学生进行系统的整理，还要进行具体的题目练习，因此在时间上比较紧。教学时要注意调配时间。由于是复习课，整理时花费时间不少，在练习中的时间不够。

2. 对学生整理概念的实际水平估计还是有些不足，在以后的教学中应更好地做好备好学生这一头，这样能更好地有针对性地设计好教学环节。适度把握留给学生自主的时间和空间。学生活动时间和空间不足，可能使活动流于形式没有实效；学生活动时间与空间过广，可能又使学生无所适从或由于难度较大而不能有效解决。

3. 复习课要把旧知识进行整理归纳，这一过程，就是将平时相对独立的知识点串成线，连成片，结成网。以往经验告诉我，如果教师对复习问题面面俱到，学生会感到乏味，引不起兴趣，往往不会深入思考。牵着学生鼻子走，老师成了课堂的主角，学生被动接受，老师感到累，而学生思维受到限制。学生对已学过的知识都在一定程度上有所掌握，我们应该相信学生，留给学生较大的探索空间，发挥他们的聪明才智。因此在课堂上我尝试把复习的主动权交给学生，让学生充分发言，相互讨论，总结出本单元的知识要点。①学习了八个方向（东、南、西、北、东南、东北、西南、西北）。②在图上认识八个方向。③看简单的线路图，并能用这些表示方向的词语描述行走的方向。④自己绘制简单的平面示意图。通过练习的设计，例如：描述行走方向。在图上画出黑板和你坐的位置等练习题，进一步把所学的有关方向的知识应用到实际生活中，体会数学与日常生活的联系，培养了学生应用数学的意识。

总之，第 1 单元内容虽然不多，但要让学生真正把握住其中的几个重要环节，还需要我们巧设练习，调动学生的积极性，挖掘学生的潜能，使复习落到实处。

读懂教材，读懂学生

——《用 2 ～ 6 的乘法口诀求商》教学反思

本节课是学生首次接触的除法计算。重点是用口诀求商的方法，通过计算使孩子感受到用乘法口诀解决除法的简便性以及培养学生参与数学活动的积极性和灵活性。

一、课标分析

（一）对比新旧课程标准，准确把握学段目标要求

《数的运算》部分是《数学课程标准》所规定的四个领域内容之一，其中《用 2 ～ 6 的乘法口诀求商》又是《数的运算》内容的重要组成部分。在新旧课程标准中，《用 2 ～ 6 的乘法口诀求商》这一部分内容在学段目标的具体要求上没有进行调整，具体内容如表 4-3 所示。

表 4-3　新旧课程标准学段目标

学段	内容	目标要求（旧版）	目标要求（新版）
第一学段	用 2 ～ 6 的乘法口诀求商	1. 能熟练口算表内乘除法。 2. 在单元结束时平均错误率为 6%，速度绝大多数达到每分钟做 8 题；在期末时平均错误率为 4% 以内，速度绝大多数达到每分钟做 10 题。	要求不变

根据上述内容规定和目标要求，对准确把握学段目标要求具有十分重要的指导性意义。

（二）对比新旧教材分布，把握教学内容

新旧版教材《用 2 ～ 6 的乘法口诀求商》的教学内容具体安排如表 4-4 所示。

表 4-4　新旧教材教学内容分布

学段	分布	内容
第一学段	二年级（下册）（旧版）	第 2 单元《用 2 ～ 6 的乘法口诀求商》
	二年级（下册）（新版）	内容同上

从表 4-4 中可以看出旧版教材把《用 2 ～ 6 的乘法口诀求商》知识分布不变，内容没有发生改变。

（三）对比编写意图，准确把握教学要求

在新旧版教材中，都是遵循由易到难的原则，按被除数从小到大的顺序，分成被除数不超过 12 和被除数不超过 36 两段，而本节课的内容只教学第一段。在教学中，新旧版教材都是充分利用学生学过的连加、连减和乘法的基础和“平均分”物品的实践经验，促使学生自主探索不同的求商方法。但是在新版教材中呈现了小猴分桃后的直观图，体现出除法与乘法的联系，便于学生理解用乘法口诀求商的道理，也为进一步学习用 2 ～ 6 的乘法口诀求商奠定基础。

二、教材分析

用 2 ～ 6 的乘法口诀求商是学生首次接触到的除法计算。这部分内容是在学生已经掌握 2 ～ 6 的乘法口诀，初步认识了除法含义的基础上进行教学的。本节是学习除法计算的开始，也是进一步学习表内除法以及今后学习多位数除法的基础。

本节课的重点是理解用乘法口诀的道理，掌握用乘法口诀求商的方法，难点是理解用乘法口诀求商的道理。

在例题的教学中，可以分为 4 个层次。第一，通过文字和图呈现需要解决的问题。第二，列出除法算式。第三，呈现学生自主探索求商的方法。教材在这里给出了两个学生的思路，他们都建立在平均分的操作的基础上，一种是用不断连减的方法找到商；另一种是通过不断连加的方式去思考，观察的角度正好相反。第四，将平均分的结果用直观图呈现出来，并承接连加的思路给出相应的乘法算式，通过小精灵的话给出提示“可以直接用乘法口诀算”，并通过想的方式呈现了乘法口诀求商的过程。同时，渗透了乘除法之间的关系。

三、学情分析

用 2 ～ 6 的乘法口诀求商是学生首次接触到的除法计算。这部分内容是在学生已经掌握 2 ～ 6 的乘法口诀，初步认识了除法含义和对平均分物体的实践经验，学生已经有了连加、连减和乘法做基础，能根据信息列出除法算式，通过摆图片，可以用连加、连减、乘法算出 12 ÷ 3 的商。因此本节课的重点是使学生经历探究的过程，使学生能自主探究求商的方法。让学生通过探究用多种方法计算 12 ÷ 3，对比优化出用乘法口诀求商的方法最好，体会用乘法口诀求商比较简便。

四、教学成功之处

1. 创设情境，提出问题。用 2 ～ 6 的乘法口诀求商是一节计算课，学生容易感觉到枯燥无味，因此课上我利用课本上的情境图，创设“猴妈妈分桃子”这个情境，回顾除法的意义，让学生帮助猴妈妈解决遇到的难题，从而自然而然地提出数学问题。学生没有丝毫感到突兀，一切都是水到渠成。

2. 自主探究，学习新知。在教学中让学生根据完整的题目独立列出算式，然后独立思考如何进行计算，并在小组内交流自己的求商方法，学生在交流中了解不同的求商方法。在教学留给学生细心观察、自由交流的活动空间，给学生带来了探索新知的乐趣，有效地沟通现实生活与数学学习的联系，使学生在解决问题的活动中，主动去探索、发现新的数学知识和方法，在相互交流中，达到了共同发展的目的。通过对比加法、减法和乘法三种计算方法，学生初步体会到用乘法计算比较简便，沟通了乘法与除法之间的关系，这样从具体问题向抽象算理进行了深入探究，呈现出算法的多样化。在此基础上进一步明确算理，学生比较出用乘法口诀求商的算法最简便，促进了学生对算理的掌握和理解，沟通了乘法与除法之间的关系，既发展了学生的思维，又大大地提高了课堂教学效率。在抓住知识和能力发展的同时，注重了学生经历数学学习的过程。

3. 多层次练习，拓展能力。在巩固拓展时，我注意采用贯穿整节课的到猴妈妈家做客的形式，采用去桃园、菜园、瓜园、育苗大棚的故事情境，让学生在故事中学习，避免了枯燥乏味的练习题训练。通过不同方式的练习，学生在思考交流中理解算理，掌握方法；在游戏中相互启发，巩固知识，提高能力。

五、教学不足之处

1. 语言上还欠锤炼。有的环节语出后欠精确，以后还要在这方面多下功夫，向他人学习，使语言更具感染力。

2. 探索过程还需要再“放”开手，让孩子能充分地在动手过程自己悟出其中的道理。根据除法算式想乘法口诀，有些学生能直接找到用哪一句口诀，而且想得快。也有些学生暂时达不到这样的程度，需要依次背口诀才能找到适合的口诀。

3. 因为在计算除法时，要反过来想口诀，学生会混淆，不知道该用哪一句口诀，特别是被除数比较小的时候，就会直接用被除数和除数相乘。如：$4 \div 2$ 或 $6 \div 2$，学生会想到“二四得八或二六十二”这些口诀。

4. 部分学生还不是很明白用口诀求商的算理和乘、除法之间的互逆联系。不过用乘法口诀求商这种比较简单的算法，学生掌握得还不错。

六、教学再教设计

1. 在语言锤炼上下功夫，用心钻研教材，用心揣摩教学环节，做到精、准、新。

2. 在学生自主合作交流中，设计好问题，在组织上要安排妥当，让小组合作出实效，真正达到思维火花碰撞、智慧共享、同伴互助、共同提高。

3. 加强被除数比较小的时候除法算式的练习，让学生真正明白除数与商之间的关系，以及乘除法之间的互逆关系。

找准学生的痒点，突破难点

——《真分数和假分数》教学反思

本节课是在学生已经学习了分数的意义、分数单位和分数与除法的基础上进行教学的。在教学中我重视学生的动手操作，使学生充分辨析真分数与假分数的意义。

1. 善于创设愉快、民主的教学氛围，激发学生学习的兴趣。新课伊始，教师通过与学生进行简单的对话，从学生感兴趣的真假话题引入，可以充分调动学生学习的积极性，然后话锋一转“分数也有真假”，给学生设置了一个疑问，制造了认知上的冲突，从而产生迫切需要探索问题的内心需要，激发学生对新知学习欲望的渴求。

2. 善于交给学生学习的方法。作为教师，职责不在于“如何教”，而在于指导学生“如何学”。在这节课中，我采用自主学习的方法，让学生带着问题自学课本，自己体会课本上的每句话表示的意义，并学会与同伴交流自己的收获，把自己的疑惑通过小组交流的途径加以解决。

3. 善于抓住学生知识上的“痒点”，有效突破难点。本节课是相对比较容易理解，但又容易出现争论的一节课。为什么这么说呢？通过观摩几次的公开课和自己以往的教学，经常遇到例 2 中的 11/5 用 11/15 来表示的现象。可是当这样的问题出现时，有的老师在解答时先让学生说一说假分数的特征，然后问学生 11/15 是假分数吗？学生回答不是，于是教师就此评论说不能用 11/15 表示。问题看似解决了，但是为什么每次课上学生都会产生这样的疑问呢？究其原因，缺少学生动手操作这一环节。

在本节课中，我通过三次折纸，让学生深入体会假分数的意义。第一次折纸通过用一张圆形纸只能折出真分数和分子、分母相等的假分数。第二次折纸是在第一次折纸的基础上，让学生思考要想得到分子比分母大的分数应该如何去做，学生想到了一张圆形纸不能解决问题，必须需要两张这样的圆形纸才能得到分子比分母大的假分数。接着教学并没有就此止步，而是通过第三次折纸，让学生利用手中的圆形纸继续折出自己喜欢的假分数，进一步加深对假分数意义的理解。这样设计具有“一石二鸟”的目的，既可以使学生清晰掌握真分数和假分数的特征，又可以使学生能根据其特征和分数的意义正确区分真分数和假分数。

第 5 章　教学随笔——关注学生，思考课堂

困？请起立

俗话说："春困秋乏夏打盹。"由于上午开会，因此把上午的数学课调至下午第一节课。刚上课，就发现有三四名学生的眼睛眯成了一条缝，小脑袋在有规律地上下点头，是提醒他们，是教育他们，还是……怎么办？于是我不动声色地说："春天就是容易使人犯困，老师也感觉有些困，但是我的眼睛不会打架，知道这是为什么吗？"学生此时一脸茫然。我说："原因是我是站着给你们上课，如果我坐着也同样会犯困的，解决犯困的最好办法就是让自己站起来，这可不是老师罚你站，若困请起立。"眼睛眯成缝的同学一听就来了精神，拿起书就自觉地站起来，走到教室后面听讲，刚才的困意已化为学生主动要求自己听课，并且听讲比以前更认真了，学生没有再感觉到罚站带给他的不愉快，而是乐于接受。

课中，医院查体的医生来敲门，让学生去查体，原本以为学生会愿意，可是学生却不愿意去，而是说："我们要上数学课。"听完之后，我的内心非常受震动，那就是你给学生一分宽松，学生就还给你十分的宽松；你给学生一个微笑，学生就还给你百个微笑；你给学生多少信任，学生就会还给你无法计算的信任。

课始，我又对学生说：“其实解决困的方法还有很多，比如做眼保健操、拍拍脸等。”一堂课就在这样轻松愉快的气氛中结束了，学生和我在这节课中都感受到了原来课堂中所没有、所缺失的那份情感，又找回了阔别已久的心心相连、彼此信任的和谐、平等氛围。

播种爱，收获爱

昨天下午，我感觉腹部一阵阵钻心的疼痛。当我弯着腰疲惫地走进教室的时候，学生们蜂拥而至，不停地、焦急地、关切地问我："孔老师，您怎么了？哪里不舒服？到底怎么回事？"此时，我只想赶快布置作业去医院，就对学生们说："现在老师只想说两句话，第一句，明天上午期中考试请做好准备；第二句，今天的作业是……"在我说这几句话的时候，发现有的学生想站起来，有的正向前倾着身子，还有的脚就放在课桌外面想冲到讲台，想问我到底怎么了，那眼神里充满了关心，充满了问候。这时不知谁说了一句："别再说话了，让老师赶快布置作业，休息一下吧。"当我布置完作业就急匆匆地赶到医院检查。

今天下午，我正在医院打针，手机响了起来，只听那边传来卢正宁非常焦急的声音："孔老师，你在人民医院的哪个病房？我们几个同学找不到你，你在哪啊？"我说："老师现在恢复得很好，你们不用过来了。"话刚一说完，就传来好几个要哭的声音："孔老师，我们想看您，都快急死我们了。"由于考虑到学生们路上的安全，我坚持不让他们来，学生们听到我的坚持，丝毫没有改变主意，一而再再而三地央求，没办法，只好告诉他们地址。几分钟过后，只听病房外就传来了叽叽喳喳的声音，只见一群孩子怀抱着鲜花、菠萝、橙子、香蕉、草莓来到了我的身边，那高兴劲甭提了，左一句、右一句地就打开了话匣子："孔老师什么时候上班啊？感觉怎么样啊？今天我们考得怎么样啊？"这时廖一昂说："孔老师，我给你买的草莓，你可要快点吃啊。我本来想让卖草莓的给洗一洗，可是他不肯。"我知道学生们想让我抓紧吃下去，这样病情就会很快好起来，因为他们在今天上午听班主任说了我的病情后中午回家在网上查询，吃哪种水果有助于恢复。看到学生们这么懂事，这么可爱，此刻我感觉无比的幸福，只想听他们一声声、一句句喜上眉梢的话，不想去打断。

学生们走后，我坐在病床上，我想说："老师们，请一定要爱我们的学生，不管他们平时怎么不完成作业；不管他们上课有多么调皮；不管他们成绩如何不好……请您，一定一定要爱他们。别再抱怨自己的职业没有幸福感；别再抱怨付出的多，得到的少；别再一下课阴转晴，一上课就晴转阴；别再抱怨……"因为只有播种爱，才会收获爱。

不妨换个方式让学生接受考试

今天上午第三四节课，我利用两节课时间进行了学期初的第一次单元测试。刚走进教室，就听见有些学生唉声叹气，嘴里小声地嘟囔着："哎呀，又接着考数学了！"我知道学生此言是针对前两节课刚刚考完语文所说的，话虽如此，但从中也能看出有些学生是惧怕考试的，因为再过两个星期就该开家长会了，学生的心理在发生变化，看得出考试压力对于学生来说还是存在的。我走上讲台环顾四周，轻声说："不用怕，如果这次考不好，你还有机会。"此言一出，快嘴的同学就说："老师，是什么机会啊？"于是我故意拉长声调，不紧不慢地说："如果考试成绩不理想，可以选择重新考试。"话刚一说完，全班立即想起了掌声，刚才还满是愁眉苦脸的学生此刻也咧开了嘴，精神头顿时足了起来，两眼显得异常有光彩。

我根据班级此前进行的"学科之星"评选宣布：当你认为此次成绩考得不理想，需要二次重考时，必须使再次考的成绩比之前成绩高，至于高到什么程度由你决定，因为每个人心目中都有理想成绩的标准，达到标准就可以得到一枚"学科之星"，这样可以吗？学生异口同声地说："可以。"在接下来的考试中，没有一名学生思想上带着包袱，都非常轻松愉悦地在考试卷上刷刷地写着，做题的积极性没有因为刚考完语文而引起丝毫的倦意，这真是我今天求之不得的效果。

瞧，一次小小考试的变换就能引起学生思想上的震动，真是“踏破铁鞋无觅处，得来全不费功夫”，一举两得呀！

读《爱心与教育》有感

——爱心与童心

“素质教育，首先是充满感情的教育。一个受孩子衷心爱戴的老师，一定是一位最富有人情味的老师。只有童心能够幻想爱心，只有爱心能够滋润童心。离开了情感，一切教育都无从谈起。”这是李镇西老师在他的手记中所要传递给我们的。

“爱心和童心”是相辅相成的，缺失了爱心，也就无法触及童心；缺失了童心，也就无法企及爱心。高尔基曾说过：“谁爱孩子，孩子就爱谁。只有爱孩子的人，他才可以教育孩子。”李镇西老师正是通过他的手记为我们诠释了“当一个好老师的最基本条件是拥有一颗爱孩子的心”。

李老师说：“因为童心，使我深深地爱着每一届学生、每一位学生；因为童心，使我的学生原谅了我对他们有时抑制不住的暴怒；因为童心，使我不止一次和我的学生一起欢笑，一起流泪；因为童心，使我自然而然地走进了学生的情感世界，也让我的学生常常不知不觉地拨动了我的琴弦。”

在“是我们把您气病的”的手记中，如果没有老师把自己当成学生的朋友，如果没有老师对学生细致入微的体贴与照顾，如果没有老师发自内心对学生的爱，如果没有老师走进学生的情感世界，也就不会出现学生对老师的关心，不会出现学生时时刻刻牵挂老师，更不会出现学生抽噎地对老师说“是我们把您气病的”这一看似童真却满含激情的发自肺腑之言。

在我多年的教学生活中，拥有一颗爱学生的心也是我一直以来所奉行的。每当学生用小手从背后拍拍我，用甜甜的笑容面向我，有事无事到我办公室流连时，会感到我与学生的距离是那么近，会感到我在学生心中的位置，会收获到学生给我的爱。教师的爱是学生给的，而学生的爱和敬意是加倍回馈给教师的。我们作为教育者，难道还有比这更宝贵的财富吗？

呵护学生的自尊心从“请”做起

今天上午第一节课，当我正讲着长方体的体积应用的时候，突然，冒出一句刺耳的声音，“老师，武天月上数学课看故事书。”此时学生的眼睛刷地集中在武天月的身上，然后又刷地集中在我的身上，那种表情仿佛在说：“武天月，有你的好果子吃，等着挨批吧！”同时我也看到刚才报告的王佳同学，他的眼里露着沾沾自喜的表情，好像在说：“武天月，你等着瞧吧，看老师怎么教训你。”对于这样突发的事件怎么处理？是强硬处理，杀鸡给猴看？还是软着陆处理？此刻学生的心情是非常复杂的，毕竟是五年级的学生，对一些事情已经有自己的是非判断能力，同时我的心情也很复杂。但是我知道，恰当的处理可以使类似的事件不会再次发生，可以起到事半功倍的效果；但是不恰当的处理可能会使这一事件蔓延，甚至会使学生产生抵触的心理，会伤害到学生的自尊心。于是，我走下讲台对武天月说：“请你把故事书放到课桌里，好吗？”刚才还满不在乎的脸，此时犹如一朵红花映在了脸上，非常不好意思，教室里顿时响起了热烈的掌声。这掌声，我知道蕴含了学生满心的期待，期待老师呵护他们的自尊心，期待老师善意的处理方式。

下课后，我又单独把武天月喊到办公室，还没有等我问她，她接着就说："老师，谢谢你。其实我不是故意在数学课上看故事书，而是把夏冰的书捡起来，没有合上，直接放到了桌子上。"听完她的解释，我真的非常庆幸自己没有用粗暴的方式，否则，伤害的不仅仅是一个学生，而是一个学生群体。接着我对她说："喜欢读书是非常好的事情，平时我也观察到你是个非常喜欢读书的孩子。"

通过这个事例，使我更加坚信：呵护学生的自尊心从"请"做起，你会有意想不到的收获。

孔老师，你真“狡猾”

今天数学课的教学内容是“3 的倍数的特征”，新知结束后我给学生设计了这样一道练习题：既是 2 和 5 的倍数，又是 3 的倍数的最小两位数是( )，最小三位数是( )。学生根据 2、3、5 的倍数的特征得出了正确的结果，正沉浸在高兴喜悦之中，于是我趁热打铁布置课堂作业，其中就有一道是这样设计的：在 3 的倍数中，最小的两位数是( )，最小的三位数是( )。把练习中的题进行了变式，部分学生对题目未加思索直接填写了 30 和 120 这两个答案，还一脸轻松。

通过课堂巡视并进行统计，发现有 35 位同学书写的上面两个答案，占了全班同学的 1/2。看到这个结果，我趁机抓住时机组织学生进行讨论：对于 30 和 120 这两个答案，你认为正确吗？说一说自己的理由。此时学生开始议论纷纷，对于不同答案进行阐述，最终形成统一意见。

在争论中，一句非常响亮的声音“孔老师，你真狡猾”传进了每个同学的耳朵。此时，我笑了笑说：“谢谢你对我的评价。”此时班级里又出现一句“孔老师狡猾是为了让我们以后养成认真审题、做题的好习惯，是为了我们好”，接着，全班响起了热烈的掌声。

回到办公室，“孔老师你真狡猾”这句话一直萦绕在我的脑海中，学生们的童言无忌让我陷入了思考：在我们的数学课堂中，教师应该在课堂上设计不同的练习题，但是更应该加强对练习题的变式设计，防止学生停留在模仿、记忆中，加强对学生做题习惯的培养，培养学生灵活解决问题的能力。

让学校远离“喧嚣的宣传”

今天上午第三节课，我拿着听课记录去听课，听课班级是二年级四班的语文课。正当孟庆生老师讲着“语文园地五”中的节气歌的时候，只见后勤的一位教师领着口腔医院的两位医生推门走进了教室。他们与孟老师耳语了一下，接着就由一位年轻的女医生开始给同学们介绍口腔方面的一些知识：比如怎样刷上牙、刷下牙等刷牙的一些正确姿势，然后又检查了每一位学生的牙齿并进行了记录，最后又给每人发放一份宣传口腔方面知识的报纸。我坐在教室的后面，看着眼前的一幕又一幕，心里有一股莫名其妙的感受，那就是这些医生到学校进行宣传教给学生一些卫生常识本无可厚非，但是历时 25 分钟才结束，他们这样宣传的目的是什么？他们这样做的背后实质是什么？一堂课有几个 25 分钟呀？谁来给学生补偿失去的 25 分钟？谁能弥补教师本该这节课要完成的教学任务？当语文老师再次进行讲课的时候，虽然要求学生把报纸放在桌子里，可仍有几位同学还沉浸在报纸所介绍的内容中，还恋恋不舍地拿在手里，对于老师讲的内容根本就没有听进去。

下课后，经过走廊，看到其他班级也是同样的情形，真的感觉到现在的学校不再是远离喧嚣的净土，而是充斥着浓厚的商业气息，商家们已经把宣传的触角延伸到了学生的课堂上，扰乱了正常的教学秩序，真是几多欢喜几多愁，真是既可怜又可悲！

谁能帮助老师实现“愿望”？

今天下午上课伊始，我对全班同学说：“老师有两个愿望，你想知道是什么吗？”学生你看看我，我看看你，不知道老师葫芦里卖的什么药。这时我为了吊足学生的胃口，继续说：“真的想知道吗？”学生此时异口同声地说：“想。”于是我故意抑扬顿挫地说：“当你的作业出现错误时，不是我找你去改正错误，而是你找我去批改作业，此为第一个愿望；当你遇到不会的问题，自己找不到解题思路时，不是老师找你去给你讲解，而是你去找老师进行讲解，此为第二个愿望。老师非常想实现这两个愿望，可是，老师的这两个愿望不是我所努力就能实现的，而是……”

班里被称为快嘴的高鹏飞马上说：“老师，您的愿望肯定是我们帮您实现，对吗？”我说：“那你说说看。”他说：“您的这两个愿望都和我们有关系，并且都是我们去找您，只有我们这样去做，那么您的愿望就能实现。”

紧接着班里被称为智多星的高天舒说：“老师，我知道您的意思了，您是要让我们自觉地学习。”这时班里的所有学生都明白是怎么回事了，纷纷说：“这好办，我们帮您实现。”于是我趁热打铁：“那你们可要说话算话呀？不能反悔啊！大声告诉我，你们能做到吗？”教室里立刻响起了响亮的回答声——能。

我高兴地说：“谢谢同学们，你们知道吗？在老师的这两个愿望里，不仅是想让你们帮助我实现愿望，更是想让你们从原来的老师‘让你学’转变为‘你要学’。”听到这句话后，我发现学生的眼神在此刻变得更有精神、更有活力了，小脑袋也在不住地上下点头，我知道我的愿望已经慢慢地植入学生的脑海里了。我相信，他们会比以前更懂事，学习上会更自觉。

在下午放学时，我发现学生已经在悄悄地改变自己。原来那个贪玩，跟老师爱捉迷藏的霍孟文今天没有偷偷地走，而是自觉地拿着练习册主动找我给他改错。还有朱鹤冲、丰斯文、李楷文、孔煦也不再随着放学的队伍离开教室，而是静静地趴在桌子上拿着笔在刷刷地改正错题。多么可喜的变化呀！这一天我和学生都在经历着思想上的改变，原来换个角色，就可以收到意想不到的惊喜。

说理与批评孰重孰轻

今天学校安排六年级的品德与社会课由我代课。因为第一次教这一科目，在课前做了充分的准备，制作了课件，力求让学生在丰富多彩的饮食文化中，感受中外饮食文化的差异。

以前听老师们经常提到语文数学课好上，就是常识课不好上，学生欺软怕硬。今天上课着实让我领教了常识课的教学不同寻常。刚走进班级，就看见两位同学正在挤一个座位，并动手打起架来。因为在未上课之前就对这个班学生学习状态略有所闻，因此也就有所准备。

我先拉开两个同学，让其中一个同学（甲）回到原位，另一个同学（乙）坐下。没想到的是甲同学不服气，乙同学站着觉得委屈就是不坐下，其他同学都看着我到底怎么处理？我走到讲台前，告诉大家请先记住老师说的三句话：第一句是什么时间干什么事；第二句是什么地方干什么事；第三句是干什么事要干好。也就是说，上课时间就是要有上课的秩序，不能打架，不能随便说话，不能随心所欲；上课就是学习，不同于下课，不能随便追逐，不能打闹、想玩就玩；上课就要把学习搞好，下课就要玩好。

说完这些，我发现甲同学有些改变，不再满脸怒气，不再像刚才那么抵触；乙同学没有变化依然站着。于是我走到他跟前，还没等我说完，就有同学告诉我他就是这样，不出气不罢休，就一直站着。还有同学想说，想揭他的缺点，我用手制止了这些同学，平静地走到他面前说："如果你认为站着舒服，听课效果好，那你就站着；如果你觉得站着累了，就自己坐下，好吗？"随即我继续跟大家说，我们上课一定要有上课的纪律。如果没有纪律约束，想干什么就干什么，就要影响同学们上课，你的行为还会影响其他同学，像今天的事情还会发生在某一天。说着说着，我惊喜地发现乙同学已经不声不响地坐下了，我向他投入会心的微笑，甲同学已经不再趴在桌子上，慢慢地坐好了，于是我就开始了今天的讲课，一直到下课。

下课后，反思今天上课的感受：常识课并不是像想象的这么难上；要想上好课，就要充分备好课，不仅是备教学内容，还要备如何应变突发事件，如何正确处理，理性对待，让说理胜于批评。

为师不难，从教不易

记得从华师大培训回来，对于教师专业的发展有了新的认识。通过王建军教授的讲解，知道古代的教师是问学时代——为师不易，从教不难，而现代却是为师不难，从教不易。

以前听过几节语文课，感受到目前小学教师普遍存在的问题就是为师不难，从教也不难，为什么这么说呢？老师在上课之前只是简单地看了一遍，开始讲授时就是照着课本按部就班地讲解，学生听得索然无趣，教师讲得也没有精神，听课老师听得也是浑身不舒服。一节课下来，学生收获了多少，获得了哪些能力，不得而知。我想学生在课堂上此时最盼望的就是何时下课，学生在课间玩的时候或许还能学到课堂以内学不到的知识。这样教学的老师也只能停留在为师不难、从教也不难的层面上。

又听说一位代课教师在教学品德与生活时，让学生翻书就用了 5 分钟，顺着课本说了一遍用时 15 分钟，然后让学生花了 20 分钟来画“我心中的祖国”的图画，这样一节课就结束了。一节课简单容易到如此地步，真是难以想象。

现代社会要求教师专业成长的呼声越来越高，事实上教师专业成长不仅是社会发展的需要，更是教师自己成长的需要。

当“为师不难、从教不易”成为教师深入思考的问题时，才有可能促进其自身的成长。如果我们回到古代问学时代、从师不易时，也许老师会更加珍惜这份工作，会源源不断地为自己补充给养，会更多地为学生的未来着想。

我们这个时代应该呼唤从师不易，从教也不易。

成就一颗珍珠，成就自己

人们都羡慕珍珠光彩照人、雍容华贵的气质，可谁会想到成就一颗珍珠所要付出的代价是常人难以想象的。

曾经有一个养蚌人，他很想培养一颗世界上最大最美的珍珠。

他去海边沙滩上挑选沙粒，一颗一颗地问那些沙粒，愿不愿意成就一颗珍珠。结果从清晨到黄昏，只有一颗沙粒答应了。

旁边的沙粒都嘲笑那颗沙粒，说他太傻，去蚌壳里住，远离亲人朋友，见不到太阳、雨露、明月、清风，甚至还缺少空气，只能与寒冷、潮湿、黑暗、孤寂为伍，不值得。

可那颗沙粒还是无怨无悔地跟着养蚌人走了。

斗转星移，几年过去了，那颗沙粒成了一颗晶莹剔透、价值连城的珍珠。而曾经嘲笑过他的那些沙粒，有的还是在沙滩上风吹日晒，有的早已风化成土。

在教学中，有的老师谈笑风生，总有聊不完的家事、国事；有的教师忙里偷闲上网聊天、购物、炒股；有的忙于休闲锻炼，惯于养生之道；有的则不然，白天忙于工作、忙于记录教学中的点点滴滴、所思所想、所感所悟。几年后，人生际遇各有不同。有的还是每天三点一线，重复着昨天的故事；而有的却奔走在各地，挥洒自如地把自己对教学的理解，对人生的感悟，与众多同行进行交流、彼此分享。

惊叹之余，人生之路何尝不是如此啊！不经历风雨怎能见彩虹，阳光总在风雨后。只有经历过艰难，品尝过困苦，才会在幸福成功之路观赏非同一般的风景。没有人能够随随便便地成功，成就自己的同时，同样不能忘记自己曾经也是一颗普普通通的沙粒。

希望就在前方

俗话说："行百里半九十。"人生的成功之路往往就在百里中剩余的十里处。为什么成功的人总是少数，究其原因，决定因素还是要坚守理想，坚守希望就在前方。

在我们的日常教学中，也不乏对教学怀有满腔热情的教师，对学生、对工作，态度积极认真，但是不能几十年如一日，随着岁月的流逝，年复一年地如此工作，慢慢地失去了原先的工作激情，仅存的只是把教师作为谋生的手段而已，距离原先的理想和希望背道而驰。正如下面两个男孩在矿井遇险一样。

两个男孩发现了一个废弃的矿井，他们举着火把钻进洞里。矿井极深，且纵横交错，像一个迷宫。两个男孩一时兴起，顺着一条偏井走了进去。不一会儿，火把燃尽了，他们顿时置身于无边的黑暗和冷寂之中，但是他们已经找不到出去的洞口了。

恐惧越来越深，他们在里面盲目地左冲右突。

三天后，孩子的父母在矿井里找到了两个孩子的尸体，发现在一个偏井里，离主井的出口不到 50 米。

法医在尸检时说："这两个男孩不是死于饥饿，依据他们的身体能量，完全可以走到井口。经过我们的分析，他们是死于心理的恐惧和绝望。”

可以想象，这两个男孩也曾在矿井里努力地寻找出口，但因为久久没有找到，所以陷入极度的恐惧和绝望之中，正是这种恐惧和绝望最终使他们放弃了努力。其实，只要他们再向前走几步，转一个弯，就能看见洞口的阳光。

在生命长河中，会遇到许许多多的不如意，但在任何时候、任何情况下，都一定要坚守希望，增加内心中希望的能量，因为希望越浓，恐惧越淡；希望越多，恐惧越少。

《论语》学习心得

学而时习之，不亦说乎？有朋自远方来，不亦乐乎？人不知而不愠，不亦君子乎？

译文：孔子说，学习并且不断地温习，不是很愉快的事情吗？有朋友从远方来，不是很高兴的事情吗？人家不了解我，我也不怨恨，这样的人不是君子吗？

孔子强调的学而时习之，实质上对于我们今天的教学来说，就是要不断地进行复习巩固，可是结合我们的教学来说，最严重缺失的恰恰是这一环节。

我们现在做到的是能够及时巩固前一天学习的内容，或者学习一个单元进行巩固练习，却很少关注到复习巩固是一个持续的过程。当我们结束学期的新课时，你会发现很多学生对前面学过的知识，已经遗忘得差不多了。究其原因就是缺失“学而时习之”。根据艾宾浩斯遗忘曲线的规律：遗忘进程是不均衡的，在识记的最初遗忘很快，以后逐渐缓慢，到了相当的时间，几乎就不再遗忘了，也就是遗忘的发展是“先快后慢”。

在昨天的练习题讲解中，班上的学生对于上学期学过的梯形面积公示竟然有近四分之一的学生不记得了，就连老师认为非常聪明的同学也把此计算公示忘得一干二净，可是算起时间，才不过是过去两个月的知识。

通过今天阅读论语的这一经典名句，我深深体会到，平时耳熟能详的治学名言，却蕴含了如此之深的教学道理。

漂亮的亲子装

今天，我穿了一件橘红色的毛衣走进教室上课。课后，正在收拾课本的时候，张明致跑过来对我说："老师，我今天也穿了一件橘红色的外套，咱们两人的颜色一样。"看着孩子真切的眼神，我惊喜地说道："真巧啊！今天咱俩穿的可是亲子装呢！好漂亮的亲子装。"我的话一出口，孩子咧着小嘴开心地笑了，然后像风一样地跑出去，喊着"漂亮的亲子装，漂亮的亲子装"。那一刻温暖的画面瞬间定格在我的心里，让我感动、激动，与学生在一起的教学生活是如此的美好、快乐，我也不由自主地重复说着"漂亮的亲子装，漂亮的亲子装"。

记得在新接班级开学的第一天，我让每位学生先介绍自己，然后说一说在你学习的所有科目中，最喜欢哪一学科，学生们的答案大多都是最喜欢美术、音乐、体育等学科，而喜欢数学的却寥寥无几。如何激发学生学习数学的兴趣呢？如何拨动孩子对数学充满热情的心弦呢？这是我所直面的现实问题。在接下来的时间里，我给学生们讲述数学如何好玩、如何神奇、如何有趣，学生们的眼睛里开始不断地闪现对数学知识的渴求，开始学着追问数学知识的点点滴滴。我喜欢看着学生们表露出来的对数学向往的神情，喜欢看学生们沉浸在数学话题的交流中的那种乐此不疲的学习态度，喜欢看学生们刨根问底式的学习劲头，享受着学生们亲身体验后，获得成功的那种尽在其中的学习乐趣……

出乎意料的是，当我讲授新学期第一节课“秒的认识”时，学生们的注意力非常集中，听讲也非常专注。刚下课，张明致就跑上来悄悄地对我说：“老师，我昨天说的是第一喜欢体育，不过，我第二喜欢数学。”孩子的表达我听懂了，对数学的喜欢虽然不及体育，但是数学在孩子心里已经占据了一定的位置。

又过了几天，下课后我正准备往外走的时候，他又快速跑过来对我说：“老师，现在我把体育和数学都放在第一位了，一样喜欢了。”这样过了一周后，一天下午，我正在往教学楼走，张明致走过来对我说：“老师，你知道我报数学社团了吗？”言下之意就是因为喜欢数学，所以报名参加了数学社团。我说：“当然知道了。”他听完我的回答，蹦蹦跳跳地跑上楼去。就在前两天，我上完数学课刚要走，他又跑到我面前对我说：“老师，现在我已经第一喜欢数学，第二喜欢体育了！”

开学一个月来，他的变化让我非常感动，觉得自己非常幸福，还有什么比学生亲口对你说他是多么喜欢数学更高兴的事情啊！

拓展教材内容，开阔学生视野

我们常说：给学生一碗水，教师就要有一桶水。这桶水的意义在于教师不仅要掌握学科专业知识，还要具备学科以外的知识。如何让这桶水既营养又健康呢？唯一的途径就是阅读。阅读可以使我们的目光穿越眼前两米远的地方而到达越来越远的地方；可以使我们暂时忘却身上的羁绊而到达心之向往之处；可以使我们摆脱繁杂的事无巨细的工作而开启自由飞翔的翅膀，遨游在宽广无限的书海之中；可以使我们日渐萎靡的精神因阅读而日渐丰盈。

在教学“秒的认识”一课时，学生通过体验 1 秒、5 秒、10 秒、30 秒来感知时间的长短。心理学研究表明，时间单位离学生生活经验越远，学生理解和掌握起来就越困难。时间不像长度、质量等概念那样直观，它是看不见摸不着的，非常抽象。如何更好地让这些体验活动根植于学生的头脑中，我采用了让学生在 1 秒、5 秒、10 秒、30 秒分别能做什么事情来深刻地体会时间的长短。除此之外，我还仔细阅读了有关时间单位的一些资料，知道比秒小的单位还有毫秒、微秒、皮秒、纳秒等时间单位。当我在课堂上抛出这样一个问题：“你知道比秒小的单位有哪些吗？”出乎意料的是学生竟然知道比秒小的单位有毫秒、微秒，并且还知道秒、毫秒的进率。感叹之余，我非常庆幸自己没有局限于教材中介绍的时间单位，当我说出比秒还小的时间单位除了有毫秒、微秒之外，还有纳秒、皮秒时，学生都用非常惊奇的眼睛望着我，一石激起千层浪，学生也并没有仅仅沉浸在这些课外知识之中，我还介绍了关于时间的一些知识，如一个时辰是 2 小时，一刻就是 15 分钟等等，学生对此表现出了极大的兴趣，视野也开阔了。

课后，我不断地反思：学生不是被填充的容器，而是等待点燃的火种。教师只需在学生渴望获取知识的心田上轻轻地播撒知识的种子，学生便会如教师所希望的那样发出嫩嫩的绿芽，在知识的海洋中快乐茁壮地成长。星星之火，可以燎原，能够关注自己心灵成长的教师才会关注学生的心灵成长，一个满脑子只有学生的教师才会关注学生的一举手、一投足，一个饱含丰富情感的教师才会让学生的情感远离贫瘠，一个心里有阳光的教师才会驱散学生心中的阴霾。所以，教师只有提升了自身的素养，才能开阔学生的知识视角，也才能更好地承担教育的职责。